Laurence Sterne

Yoricks nachgelassne Werke aus dem Englischen

Laurence Sterne

Yoricks nachgelassne Werke aus dem Englischen

ISBN/EAN: 9783744672801

Hergestellt in Europa, USA, Kanada, Australien, Japan

Cover: Foto ©ninafisch / pixelio.de

Weitere Bücher finden Sie auf **www.hansebooks.com**

Yoriks

nachgelaßne

Werke.

Aus dem Englischen.

Leipzig,
bey Engelhart Benjamin Schwickert,
1771.

Geheimes Schreiben des Verfassers an den Herausgeber.

An Einen unter einer Million.

Mein sehr guter Freund,

Eben komme ich itzt von einer Jagd über die Hügel und weit in der Ferne zurück. Wie es nun allezeit meine Art gewesen ist, ich mochte nun fahren, oder reiten, oder gehen, oder auf Schrittschuhen laufen, oder schwimmen, oder schiffen — und ich darf sicher wetten, es würde gerade nicht anders seyn, wenn ich fliegen könnte — daß ich solche Materien in den Gedanken habe, die ich zu irgendeiner Zeit meines Lebens schriftlich abzuhandeln gedenke, so hat mir auch diesen ganzen Morgen Ihre neuliche Bitte im Sinne gelegen — Experieris, non Dianam magis in montibus quam Minervam inerrare, spricht Plinius.

Warum sollte ich denn nun nicht zu einer so denkwürdigen und mit Verfassung von Denkwürdigkeiten beschäfftigten Zeit meine eignen Denkwürdigkeiten schreiben? Vexatus toties! Ich habe diese letztern Jahre her eine Menge Romane durchlesen, habe mit der erbaulichsten Geduld und Standhaftigkeit Kapitel nach Kapitel durchwandert, in guter Hoffnung, die künftige Anekdote könnte mich etwa für das Abgeschmackte der vorigen einiger massen schadlos halten. Aber vergebens! Den neuern Romanschreibern scheint es sogar an Erfindung zu gebrechen — daß es ihnen gänzlich an Sprache, Schreibart, Sitten, Characteren, und Empfindung fehlt, das vergeben wir ihnen noch.

Meine Reihe von Begebenheiten im Leben hat mir zum Glücke die Arbeit erspart, alles erst ordentlich zu verfassen. Denn die blose buchstäbliche Erzählung meiner Abenteuer, von dem Augenblicke an, da ich aus meinem ersten Gehäuse hervorkroch, bis auf denjenigen, da ich diese meine zweyte Haut abstreifen werde — denn vermuthlich wird doch das Gewebe und die Farbe meines vergangenen Lebens auch das Gewebe und die Farbe meines künftigen ausmachen — würde meine Leser belustigen und rühren, sollte sie auch mit der Einfalt meiner Amme, mit dem Blödsinne meiner Lehrmeister, oder mit der Langweiligkeit der neuern Memoirenschreiber vorgetragen werden; von welchen letztern nach der Redefigur des Aristoteles, Namens Paronomasia, gesagt werden kann, daß sie mehr des Hungers als Rufs halben schreiben *) — Denn die Nothwendigkeit hälte ich für eine Muse, die wohl so viel gilt, als die neun an-

*) Es ist mit fames und fama gespielt.

dern, und die gelehrte Fame scheint mir von Fames in gerader Linie abzustammen.

Largitor ingenii venter.

Erschrecken Sie nur ja nicht über das Wort Koran, das ich zum Titel meiner Blätter gewählt habe. Ich bin nicht etwa ein Musulmann geworden. Aber ich hasse die angenommnen Namen, weil sie die Sprache zu sehr einschränken, und leicht zum Aberglauben führen — Und ich sehe keine Ursache ab, warum meine Gesichte und herumschweifenden Gedanken nicht eben so gutes Recht hätten, der Koran genannt zu werden, als die Erdichtungen und Betrügereyen Mohammeds, die blos darum so betittelt wurden, weil sie eine Sammlung von Kapiteln waren — denn das bedeutet das Wort im Arabischen.

Nunmehr also, um weiter fortzufahren —

Der Koran,

oder

das Leben, die Gemüths-
art und die Empfindungen

des

Herrn Tria juncta in uno,

M. K. K.

das ist,

Meister Keiner Künste.

Erster Theil.

Vous y verrez du serieux,
Entremêlé de badinage;
Des traits un peu facetieux
Dont la morale, au moins, est sage.
Le philosophe de Sans-Souci.

Das erste Kapitel.

Der Zufall.

Da ich nun zuletzt nach langer Ausschweifung wohlbehalten zur Welt gebracht, und mit guter Art in das Leben getreten bin, so ist es, deucht mich, hohe Zeit, Ihnen einige Nachricht von mir zu geben — die so oft versprochne, und so lange verschobne, Nachricht — Das werde ich denn in so wenig Worten thun, als es nur die Natur der Materie und ihres Verfassers wird zulassen wollen. Hic vir, hic est, tibi quem promitti saepius audis.

Ich bin wirklich und leibhaftig geboren worden — Daran zweifle niemand! Denn wäre das nicht geschehen, so würde ich mir nimmermehr angemaßt haben, es zu sagen — Zuerst aber lassen Sie mich Rechenschaft von mir in dem Character geben, in dem ich itzt vor Ihnen stehe, nämlich als Autor — welches zu seyn niemals mein Wille — noch auch der Wille der Natur war — Ich ward es durch blosen Zufall.

Der Zufall ist stets mein Verhängniß gewesen. Mein Vater hatte mir niemals eine Art von Erziehung zugedacht. Er war ein rechtschaffner Soldat, und verachtete sie. Wie groß muß denn also seine Herzhaftigkeit gewesen seyn! Ich lernte demnach lesen und schreiben durch Zufall. So verstohlen, wie andre hinter die Schule gehen, schlich ich mich in die Schule, und raffte da ein wenig Wissenschaft durch Zufall auf. Es war niemals mein Wille gewesen, zu heirathen; und doch war es mein Glück, daß ich eine Frau bekam. Ich hatte niemals einen Gönner; aber das Schicksal versorgte mich.

Also Zufall, Glück und Schicksal sind meine Clotho, Atropos und Lachesis gewesen — Daher habe ich denn den Beynamen Tria juncta in uno angenommen — Und das war abermals Zufall; denn noch niemals hatte ich an eine solche Ableitung gedacht, als in diesem nämlichen Augenblicke.

„Wie kam es doch aber, daß Sie ein „Autor durch Zufall wurden?" — Das will ich Ihnen sagen, wenn Sie Sich nur ein wenig gedulden wollen.

Das zweyte Kapitel.

Die kritischen Musterer.

Diese Art, eine Materie in Kapitel zu zerlegen, ist ein vortreffliches Mittel für die witzigen Köpfe von zween Penny am Werthe, und für die Leser von gleichem Gehalte. Beyde gewinnen dadurch Ruheplätze.

Diuisum, sic breue fiet opus.

Die Bibel selbst könnte vielleicht zu langweilig vorkommen, wenn nicht die tröstliche Erleichterung der Kapitel thäte.

Zudem so helfen die Zwischenräume oder weißen Linien, wie sie die Drucker nennen, daß ein Buch wie eine Blase aufschwillt. Sie lassen sich mit einem Topfe voll Sägspäne vergleichen, der in einem Küchenzettel in Rechnung gebracht wird, wodurch denn freylich der Tisch stärker besetzt wird, aber nichts zu dem Gastmahle hinzukömmt.

Hier erwarte ich nun, daß meine alten Bekannten die UN-kritischen Musterer, *) geneigt seyn werden, bey dieser Stelle die Anmerkung zu machen, dergleichen Zwischenräume wären an meinen Büchern das bäßte; denn ein weißer Fleck wäre doch allezeit bässer als ein Schmuzfleck; nebst andern seichten Einfällen von gleichem Schlage.

Aber sie mögen immerhin plaudern! Denn schon lange habe ich mich dahin gebracht, sie ganz wohl zu ertragen, indem ich eben so gleichgültig gegen ihr Lob als gegen ihren Tadel geworden bin. Wahre Kunstrichter jagen, gleich dem Falken, zum Vergnügen; die Musterer aber, so wie der Geyer, blos des Raubs halben.

Aus diesem Grunde glaube ich auch nicht, daß man gegen die armen Teufel zu strenge seyn darf. Sie solten eher Gegenstände unsers Mitleidens als Un-

*) Der Verfasser nennt zwar hier die kritischen Musterer, um das Geschäffte dieser Herren anzudeuten. Eigentlich aber haben ihm die monatlichen Musterer große Ursache zum Mißvergnügen gegeben; und wider die mag er vornehmlich zu Felde ziehen. d. Ueb.

willens werden, da sie, gleich den Henkern, genöthigt sind, um das liebe Brod hinzurichten. Daher sollte das auch einem Werke zu beträchtlichem Vortheile gereichen, wenn es von ihnen getadelt worden ist — Denn dasjenige Buch kann der Autor so hoch anschlagen, als er nur will, das verurtheilt worden ist, durch die Hand des gemeinen Nachrichters verbrannt zu werden.

Das dritte Kapitel.

Der Oheim.

Mich deucht, ich habe Ihnen in meinem ersten Kapitel versprochen, Ihnen von meiner Autorschaft Rechenschaft zu geben. Es gieng also damit zu.

Ich hatte ehedem einen Oheim. Er war zwar ein Diener des Evangeliums; sein einziges Studium aber war die Staatskunst. Er besaß einen löblichen Ehrgeiz, sich im Leben aufzuschwingen. Unstreitig ist die Religion zu dem Ende ein nothwendiges Mittel in der künftigen Welt — in dieser aber hilft sie uns nicht weit genug.

Er trug daher Sorge, die neun und dreyßig Artickel der englischen Kirche auswendig zu lernen, damit er fähig seyn möchte, eine Prüfung seines Glaubens am jüngsten Gerichte auszuhalten — Er dachte nicht an das alte Sprichwort: lerne, so lange du lebest; stirbst du, so vergißt du alles. Sondern seine Grundsätze waren die, nicht zu gehn, so lange man still steht, das Leben zu genießen, weil man es hat; denn in der Todesstunde wird diesem Tage seine eigne Plage genug seyn.

In Befolgung dieses Entwurfs von Lebensart lies er unter der Regierung des Sir Robert Walpole verschiedne Schriften zu Vertheidigung seiner Staatsverwaltung drucken — Aber Mammon ließ ihn vergebens lauern — Sie halfen nichts zu seiner Beförderung — Sie waren armselig geschrieben — Pfarrer schreiben gemeiniglich schlecht; selbst über die ihnen eignen Materien.

Bässer könnte er sich beschäfftigt haben, wenn er seine Gebete hergesagt hätte. Denn bey dieser Verrichtung wird alles, was gut gemeynt ist, auch gut aufgenommen, es mag nun noch so schlecht in der Ausführung seyn. In jenem Falle findet aber nur das günstige Aufnahme, was gut ausgeführt ist, es mag auch übrigens noch so böse gemeynt seyn — Das kränkte denn unsern Gottesgelehrten.

Gerade unter diesen verfänglichen Umständen kam ich zu ihm auf das Land, nachdem ich die hohe Schule verlassen hatte, von der ich einigen kleinen Ruf meiner Fähigkeit und Wissenschaft mitbrachte —

Doch ich übereile den Leser. Mein Vorrath ist klein; ich muß sparsam damit haushalten. Also deucht mich, ich hätte nunmehr für dieses Kapitel genug geschrieben — Ich werde es, in der Sprache der Prediger, Ihnen überlassen, das Gesagte zu beherzigen, das übrige aber auf andre beqveme Gelegenheit versparen.

Das vierte Kapitel.
Von Mordthaten.

Ich meines Orts kann mir nicht im geringsten vorstellen, wie irgendein Mann —

oder auch irgendeine Frau — sich dahin bringen können, Mordthaten zu begehen — es müßte denn an einem Bruder, einem Freunde, einer Liebste, oder andern solchen Personen seyn, die mit uns in naher und liebreicher Verbindung stehen.

Die menschliche Natur empört sich bey dem blosen Gedanken des Mords, so daß ich nicht weis, welche Versuchung irgendiemanden verleiten könnte, sich eines solchen Verbrechens schuldig zu machen — Denn Versuchung kömmt von der Natur her, deren stärkster Hang gerade das Widerspiel dieses Lasters ist. — Es kann daher nicht anders als aus Reizung entstehen — denn Reizung die kömmt vom Teufel.

Also, Leser, kannst du sehen — das ist, wenn du auf das, was ich itzt alleweile sage, Achtung gegeben hast, daß ich hier einen sehr scharfsinnigen Unterschied zwischen dem Fleische und dem Teufel gemacht habe. Nunmehr, wenn es dir beliebt, gieb Acht auf die Folgerung. —

Die Reizung muß demnach von der höchsten Art seyn — Die kann nun aber von keiner gleichgültigen Person kommen. Dergleichen Leute können uns niemals hinlänglich reizen — Ein Mann also — oder auch eine Frau — verdienen, aufgehängt zu werden, wenn sie solche Leute todtschlagen — Nein — Es müssen daher ein Bruder, ein Freund, ein Kind, eine Frau oder eine Liebste die gehörigen Gegenstände unsers tödlichsten Unwillens werden. Folglich —

Die Anwendung dieses Vernunftschlusses wird sich in einem andern Kapitel finden.

Das fünfte Kapitel.

Der Schriftsteller für den Minister.

Mein Oheim bediente sich denn meiner, eine Abhandlung zur Vertheidigung des Ministeriums — nicht des Evangeliums — zu schreiben. Ich gehorchte seinem Befehle, und stellte ihm die Handschrift zu. Er überreichte sie sogleich in seinem eignen Namen Sir Walpolen.

Der Minister hieß sie gut. Sie ward unter die Presse gegeben, und brachte dem Pfarrer seine Beförderung zuwege — verhinderte aber des Ministers eigne — indem sie Ursache war, daß er noch die übrige Zeit von den sieben Jahren, da dasselbe Parlement saß, aus dem Hause der Lords ausgeschlossen blieb.

Die Art nun, wie ich bey Verfertigung meines Aufsatzes zu werke gegangen war, war diese — Ich trug alles zusammen, was jemals wider den Minister eingewandt worden war, seit der Zeit, da er zuerst sein Amt angetreten hatte, bis auf die gegenwärtige, und that ohne weitere Umstände schlechthin den Ausspruch, daß alles fasch wäre, und das zwar sowohl meiner eignen gewissen Kenntniß zu folge, als auch wegen andrer hinlänglicher Zeugnisse. Ich versicherte, ich wäre kein Hofmann, auch mit keinem bekannt, sondern blos ein Mann vom Lande, von unabhängigem Vermögen, der sich bisher noch niemals mit den Streitigkeiten der Parteyen, die man insgemein Staatshändel nennt, den Kopf zerbrochen hätte. Da ihm aber die Ausgelassenheit der Zeiten anstößig geworden wäre, hätte er sich zum Frey=

willigen im Dienste seines Königs und Vaterlands, und zu Unterstützung der Tugend und Redlichkeit des Ministers, angegeben.

Ich behauptete, der hohe Preis der Lebensmittel, über den man so heftige Klage führte, entstünde eben aus dem Reichthume und Ueberflusse, der diesem Königreiche unter der günstigen Verwaltung unsers Ministers täglich zuwüchse. Die Anhäufung der Abgaben, sagte ich, wäre, eben so wie die Steigerung der Zinsen, das sicherste Merkmaal des Aufnehmens einer Nation. Die Theuerung auf den Märkten und die neuen Auflagen der Regierung verdoppelten nothwendig die Arbeitsamkeit — und eine Vermehrung dieser natürlichen Art von Manufactur setzte zu dem Vorrathe und Hauptstamme des Staats immer noch mehr hinzu.

Ich beklagte die traurigen Wirkungen, die aus aller der Hitze, Feindschaft und Tadelsucht zu befürchten stünden, und sagte, ich hätte gute Gründe, zu behaupten, daß das alles blose Kunstgriffe wären, unter der Hand Verrätherey auszuüben, und andern beyzubringen —

Denn sobald man dem Minister übel nachredete, so würde der König angegriffen.

Eben so machten es gottlose Pfarrer, wenn sie in Verabscheuung und Verachtung gefallen wären. Sie eiferten über die Gottlosigkeit der Zeiten, und gäben den Vorwurf und das Aergerniß, das sie selbst ihrem Amte zugezogen hätten, der Atheisterey der Layen schuld.

Seit der Zeit ist diese meine Abhandlung die Grundlage und Vorrathskammer aller Schmeichler bey den Ministern gewesen — Denn seit geraumen Jahren habe ich bey den gedungnen politischen Schriftstellern keinen Paragraphen gefunden, den ich nicht mit guter Art auf meine eigne Abhandlung hätte zurückleiten können.

Das sechste Kapitel.

Wie ich auf meinen Oheim Toby gekommen bin.

Das Einkommen der neuen Pfründe meines Oheims war beträchtlich; und ich

war der Meynung, ich hätte auf die Vortheile derselben einigen Anspruch. Verschiedne Jahre über ward ich durch Hoffnung hingehalten. Während dieser Zeit fieng er es so an, daß er mich noch auf andre nützliche Art gebrauchen konnte — Allein mein guter Oheim, wie ich Ihnen schon gesagt habe, war ein Hofmann — Er versprach und hielt als ein solcher.

Diese fehlgeschlagne Erwartung, dieser Undank, reizte meinen Unwillen im höchsten Grade. Hier lesen Sie noch einmal das vorige vierte Kapitel. Ich will auf Sie warten.

— — — — —
— — — — —
— — — — —
— — — — —

Indessen gereichte doch in der Folge dieser Vorfall größtentheils zu meinem eignen Vortheile. Gut, sagte ich eines Tages zu mir selbst, da ich eben recht zu Vernunfftschlüssen aufgelegt war, kann ich andern durch meinen Verstand zu Unterhalte helfen, so müßte ich ein großer Narr seyn, wenn ich ihn nicht auch ein

wenig zu meinem eignen Nutzen verarbeiten könnte.

Ich war eben damals in den Priesterorden getreten — Ich schreibe denn eine Predigt, halte sie, und lasse sie drukken — Doch ich kann es eben so wenig vertragen, eine Geschichte zweymal zu erzählen, als andre, sie zweymal zu hören.

Ich faßte also den Schluß, meine eigne Geschichte zu schreiben — Und warum das nicht? Das thut ja jeder französische Fähndrich. Sind wir nicht wichtig genug für die Welt, so sind wir es doch gewiß für uns selbst. Wir empfinden unsre eigne Wichtigkeit — Wie natürlich ist das aber, seine Empfindungen auszudrücken!

Zu Verschönerung meines Werks hatte ich einen Abriß von meinem Oheime entworfen — Die Wahrheit zu sagen, so war er bitter genug gerathen — Denn er war wahr — Als ich aber diesen witzigen Einfall einigen meiner Freunde wies, tadelten sie mich darum. „Gott „weis, sagten sie, die Pfarrer haben so „schon Feinde genug. Sie haben gar

„nicht nöthig, einander selbst zu verlä-
„stern.“

Kein Mensch läßt sich den Tadel eher gefallen — Ich kann ferner nicht lange Zorn halten — In meiner Natur habe ich nichts feindseliges — Mein Blut ist Milch, und gerinnt bey eines andern Leiden — Ich hatte dem Manne lange vorher vergeben. Mehr durch Laune, als Bosheit, war ich versucht, nicht gereizt werden, ihn auf den Schauplatz zu bringen. . . . . . . —

Sogleich also änderte ich mein Vorhaben. Weil aber dieser Abbruch in meinem Stücke eine klägliche Lücke ließ — Denn es sind alles nur abgebrochne Stückken — so füllte ich sie durch einen eingebildeten Oheim Toby aus, der bereits der Welt hinlänglich bekannt ist —

Viele Jahre vor diesem letztern Zeitpuncte gerieth ich in den Ehestand — Sed chartae silent — Der sittsame Leser, andre aber mag ich gar nicht haben, wird mir gewiß erlauben, daß ich hier den Vorhang fallen lasse — Und so nimmt das sechste Kapitel sein Ende.

Das siebente Kapitel.

Le Fevre.

Daher ist es denn nunmehr hohe Zeit, zu Anfangung eines neuen zu schreiten — Doch ich kann nicht vertragen, wenn man seine Sachen und Materien zu eilfertig ausschüttet — Ich bin doch allezeit so unbesonnen gewesen — Man muß ja dem Leser Zeit zur Verdauung lassen — Laßt uns meine Geschichte etwas höher oben anfangen.

Mein Vater war ein Engländer, und hatte eine Officierstelle bey der Armee. Zur Zeit meiner Geburt, die sich — ich habe vergessen, in welchem Jahre — in der Stadt Clonmel zutrug, war ihm sein Stand in Irland angewiesen — In diesem Königreiche blieb ich, bis ich ungefähr zwölf Jahre alt war — Da war es eben, daß ich die ersten Anfangsgründe der Wissenschaften durch die menschenfreundliche Güte eines Lieutenants erhielt, der unter ebendenselben Regimente mit meinem Vater stand — Er hieß le Fevre.

Ich habe ihm jedoch unendlich mehr zu danken, als blos meine lateinische Grammatik. Er ist es gewesen, der mir die Grammatik der Tugend beygebracht hat. Dieser vortreffliche Mann war es, der zuerst meinem Gemüthe die Grundsätze — nicht eines Pfarrers — sondern eines Gottesgelehrten einflößte. — Er war es, der in meiner Seele Menschenliebe, Wohlwollen und Mildigkeit bildete. — Er war es, der in mir jene Vibration bey den Leiden der Menschlichkeit rege machte, „die so richtig, wie „die Magnetnadel, sich bey der Berüh„rung des Leidens andrer dreht, und beym „Drehen zittert" — Er war es, der mich unterwies, daß Mäßigkeit die bäßte Quelle der Liebe ist; daß man blos in diesem Verstande sagen kann, sie solle von sich selbst anfangen — Leser, werfet doch euer Podagra, eure Kolicken, euern Schaarbock den Armen hin!

. . . .

Er war es, der mir diesen vortreffli-chen Wink bey Liebeswerken gab, je mehr eine Person bedarf, um so viel weniger wird ihr zuträglich seyn —

Er war es, der meine Natur bis zu jener zärtlichen Fühlbarkeit und liebreichen Sympathie erweichte, aus welcher die vornehmsten Schmerzen und Vergnügungen meines Lebens hergekommen sind, und die in dem künftigen, wie ich zu Gott hoffe, die letztern ohne Verminderung sicher stellen wird — Amen!

Dieser rechtschaffne Mann ist schon lange todt. Zu dankbarer Verehrung seines Gedächtnisses habe ich seinen Namen an einem andern Orte erwähnt — Das war es alles, was ich thun konnte — Ich wollte eine Nessel von seinem Grabe gepflückt haben, wenn ich jemals eine hätte darauf wachsen sehen — Denn wahrhaftig, weder in den Säften seines Körpers noch in seiner Gemüthsbeschaffenheit gab es etwas, das ein solches Unkraut, ein Noli me tangere, hätte nähren können, oder das ein Sinnbild von — gewesen wäre.

Das achte Kapitel.

Ausschweifung über den Witz.

Was ist der Witz? — Er ist nicht eine Manufactur — Man kann ihn nicht durch Gewalt der Nachforschung und Mühe, so wie Verstand und Vernunft, aus dem Gemüthe herausarbeiten — Begriffe und selbst die auf sie passenden Wörter, schon ganz fertig und zugeschnitten, kommen — platz! — ganz vollständig im Gehirne zum Vorscheine, ohne die geringste Art von Nachsinnen.

Selbst ich habe zuweilen Dinge ohne Absicht gesagt, ohne zu wissen, daß etwas Witziges darinne läge, bis daß der Schall der Wörter meine eignen Ohren beunruhigte, oder andre bewog, die ihrigen zu spitzen. Wäre auf den Witz der Galgen gesetzt — Und wenn das wäre, so würde der Schade nicht groß seyn — so würde ich alsdenn die Strafe einer blos durch Zufall entstandnen Verrätherey verdient haben. Es würde ordentlich Zeit und Nachdenken erfordert haben, um mich bey solcher Gelegenheit schlechter — oder den Gesetzen gemäß — auszudrücken.

Was ist die Ursache, daß unter zween Leuten, die sich an Verstande und Gelehrsamkeit gleich sind, ein in die Einbildungskraft fallendes Ding gemeiniglich den einen rühren wird, den andern nicht? Daß, wenn sie eine grüne Flur voll neu geschorner Schaafe besehen, der eine nichts dabey denken wird, als Gras und Schöpse, der andre aber eine Vergleichung mit einem mit Mandeln besteckten Gerichte Pudding anstellen wird? Daß der eine an einem schönen Wintertage schlechthin sagen wird, die Sonne schiene wohl, wärmte aber nicht; da sie indessen der andre in dem nämlichen Augenblicke mit einem Edelsteine vergleichen wird, der zugleich schimmert und kalt ist?

Also sieht man, der Witz ist nichts anders als eine Zweydeutigkeit — Schade nur, daß die Zweydeutigkeiten nicht allezeit Witz sind!

Ja, der spröde Cowley hat, zum Unglücke für uns, von ihnen Gelegenheit zu einer verneinungsweisen Beschreibung des Witzes genommen:

„Viel weniger darf das statt finden, „bey dem eine Jungfrau das Ange„sichte verbirgt. Dergleichen Schlak„ken muß das Feuer absondern. Es „ist billig, daß da der Schriftsteller er„röthe, wo der Leser roth werden „muß.“

Das neunte Kapitel.

Ob ich selbst Witz habe?

Daran haben einige zweifeln wollen — Ein gewisser Lebensbeschreiber, Triglyph, Verfasser des Triumvirats, nennt mich einen anomalischen, heteroclitischen Schriftsteller; (das ist, im Vorbeygehn gesagt, eine leibhafte Tavtologie) er spricht, ich hätte mehr Brühe als ein Spanferkel, u. s. w. Man gesteht mir wohl etwas Seltsames, Originales, Launenhaftes zu — aber den Witz, den spricht man mir ab.

Meynen nun diese Leute darunter das Epigrammatische und Zugespitzte, so

kann ich vielleicht dessen nur wenig haben. Aber gesetzt nun, mit dem ehrlichen Triglyph zu reden, der Witz wäre eine Brühe? — Müssen denn eben alle Brühen einen scharfen Geschmack haben? — Wird nicht diejenige Art von Zurichtung für die bäßte gehalten, wo die Ingredienzen in so gleiche Mischung gebracht sind, daß sich kein besondrer Geschmack vor den andern auf der Zunge ausnimmt? — Blos ein verderbter Appetit erfordert scharfe Würzung.

Sie räumen mir Laune, ein Originalwesen und die Gabe zu beschreiben ein — Was ist der Witz denn, wenn diese Dinge ihn nicht unter sich begreifen? — Und wo er sonst etwas ist, wie wenig nöthig muß er da seyn, wo diese drey sich bereits befinden?

Die alten nannten den Witz ingenium — Fähigkeit, Erfindungskraft — Martial war der erste, der ihn in eine Fertigkeit in zugespitzten Einfällen verwandelte — und nur zu viele Schriften sind, seit diesem Zeitpuncte des Flittergoldes, so scharf gewürzt gewesen, daß sie uns beynah die Zähne stumpf gemacht haben.

In so weit wäre ich also diessfalls ruhig; man mag mir nun entweder Witz zugestehen, oder absprechen.

Das zehnte Kapitel.

Vom Witze in der Sittenlehre.

Vorzeiten war es meine Weise, des Plinius Briefe und Seneca Sittenlehre des Cicero Schriften von beyderley Art vorzuziehen, und zwar wegen des zugespitzten Witzes und der geschraubten Wendungen des erstern. Ich entsinne mich noch, wie mir Horaz und Catull platt und unschmackhaft vorkamen — Das war aber eben die Zeit, da ich den Martial und Cowley bewunderte.

Gemeine Speisen, ohne Kunst zugerichtet, sind gewiß heilsamere Kost, als von großen Köchen zubereitete Mahlzeiten — Wer aber seinem Appetite zu den letztern nachgehangen, oder vielmehr ihn dadurch verschlimmert hat, der kann sich nicht ohne Schwierigkeit wieder seinen natürlichen Geschmack an den ersten erwerben —

Gerade in den nämlichen Umständen befinden wir uns in der Gelehrsamkeit.

Die Kurzweile der Einbildungskraft und das Spiel der Wörter thun zwar vielleicht diese Wirkung, einen Gedanken dem Gemüthe stärker einzuprägen — Selten aber habe ich gefunden, daß sich ihr Nutzen weiter erstreckte — Sie gaukeln rund um den Kopf, dringen aber nicht in das Herz.

Starke Redensarten und Gegensätze von Wörtern können wohl das Vorrathshaus des Gedächtnisses mit dienlichen Gedanken versehen, vermittelst deren jemand in Schriften oder in der Unterredung schimmern kann. Dabey fehlt aber der wahre Glanz der Gelehrsamkeit, der temperatus vsus. Hingegen gesunder Verstand und Vernunft, einfacher ausgedrückt, wirken auf uns nach Art einer niederschlagenden Arzney — langsam, jedoch sicher.

Ob wir auch gleich nach und nach mit einer Munterkeit hüpfen, die nicht uns eigen ist, so sind wir doch, da wir unsre Stärke nicht geradezu einem fremden Beystande zuschreiben können, geneigt, den Verstand und die Tugend, die wir durch dieses Mittel erlangen, so werth zu halten, als ob sie Erben aus unsern eignen Lenden wären; da hingegen das, was blos durch Hülfe des erinnernden Witzes erworben ist, von dem Herzen so kaltsinnig aufgenommen wird, als fremder Leute angenommnes Kind.

Ich finde, daß ich hier ein wenig in der nämlichen Sprache moralisiere, die ich eben itzt getadelt habe — Allein ich habe meine Feder nicht zurückhalten wollen — Denn wenn wir einen Fehler angeben, sollten wir, um den Begriff zu erhöhen, bemüht seyn, ein Beyspiel davon zu geben — Man mag daher immer auf mich ziehen, was dort vom Jeremias in dem Schauspiele Liebe für Liebe gesagt wird: „er hätte wider den Witz „mit allem dem Witze geeifert, den er nur „aufbringen konnte.“

Das aber habe ich beschlossen, daß ich künftig mein übriges Leben hindurch witzig seyn will — O gewiß, mein Herr! Der Entschluß ist gar ein mächtigs Ding. Er hat manchen Feigherzigen tapfer, und einige wenige Frauenspersonen keusch gemacht — So laßt uns denn Wunders halben versuchen, ob ebendieselbe wunderthätige Kraft nicht auch einen Pfarrer witzig machen kann.

Das eilfte Kapitel.

Vergleichung zwischen Triglyph und Tristram.

Aber noch strenger gegen mich ist der Verfasser des Triumvirats wegen einiger freyen Stellen in meinen Werken — Man nenne sie nicht meine Werke, sondern blos meine Spiele — Und dem Herrn Triglyph dient zu wissen, daß ich damals keine moralischen Abhandlungen oder Vorlesungen über die Religion schrieb — Ich schrieb blos zum Nutzen meiner Gesundheit, und auch meiner Leser ihrer.

Baco preist, in seiner historia vitae et mortis, heitre und leichte Schriften zum Lesen an — und bey der nächsten Ausgabe des londner Dispensatoriums *) will ich sie wirklich unter die Materia medica

*) Verzeichniß von Arzneymitteln.

setzen lassen — Warum sollten wir Einwendung wider das Schalkhafte einer Stelle machen, die zu einem so heilsamen Endzwecke etwas beyträgt? Welche Freyheiten müssen sich nicht oft die Wundärzte nehmen, besonders beym Hebammenwesen — um für die Gesundheit oder Erhaltung der keuschesten Jungfer oder Matrone zu sorgen?

Von einem andern Philosophen werden hae nugae auch zur Erleichterung des Gemüths angepriesen.

— Lusus animo debent aliquando dari,
Ad cogitandum melior vt redeat sibi.

Und ich, ein vollkommner Philosoph aus der französischen Schule, deren Wahlspruch ist: ride, si sapis, behaupte, daß solche Schriften, die das Gemüthe zerstreuen oder erlustigen, möchten sie auch noch so schalkhaft oder frey seyn, wofern man nur sieht, daß sie keinen andern Endzweck haben, nicht mit einer methodistischen Strenge getadelt werden dürfen — Solche dagegen kann man niemals zu laut verwünschen, die gerades wegs, oder auch noch so entfernt seitwärts, wider einen Grundsatz der Ehre, der Sitten oder der Religion gerichtet sind.

Aber ich frage Sie, meine Frauenzimmer, ist nicht Triglyph völlig eben so schalkhaft und frey, als Tristram? Ich werde mir nicht die Mühe geben, die verschiednen Stellen gegen einander zu halten, noch, wie Freund Ridgel, tadeln indem ich erzähle — Aber ist nicht sein achtundachtzigstes Kapitel ein Meisterstück in dieser Art?

Er erzählt darinne, wie er zufälliger weise ein schönes Frauenzimmer ganz nakkend gesehen habe — Zwar beschreibt er weder ihre Person, noch ihre Gliedmassen, noch ihre Farbe, auch braucht er keinen leichtfertigen Begriff noch unanständigen Ausdruck — Bässer wäre es gewesen, er hätte das gethan — Denn so hätte sich damit sein Verbrechen geendigt — Wie sehr aber wird des Lesers Einbildungskraft entflammt, wie sehr werden seine Leidenschaften durch Sympathie rege gemacht, vermöge jener Wirkungen, die, wie der Zuschauer erzählt,

dieser Anblick auf seine Sinne und Empfindungen gehabt hat!

Die Geschicklichkeit, auf solche Art ein Lächeln zu erregen, das keine Schaamröthe begleitet, und die Begierde zu reizen, ohne den Wohlstand zu verletzen, die ist eine Kunst, mein guter Herr Triglyph, die wohl im Stande wäre, einen Heiligen aus dem Kalender zu stoßen.

Jedoch ich läugne dem Manne seine Verdienste nicht ab; so wie auch er die Aufrichtigkeit beweist, mir die meinigen zu lassen — Denn ob wir gleich beyde große Mitbuler sind, so ist das doch in einer solchen Empfindung, die uns zu desto grössern Freunden machen sollte — Wir scheinen beyde gleich stark zu wünschen, und eifrig zu beten: „Ehre sey „Gott in der Höhe, Friede auf Erden, „und den Menschen ein Wohlgefalle!" Amen!

Doch um weiter fortzufahren —

Das zwölfte Kapitel.

Die Abigail.

Als ich ungefähr zwölf Jahre alt war, begaben sich, wie ich Ihnen schon oben erzählt habe, meine Aeltern nach England zurück, und nahmen mich mit. Ich ward alsdenn — auf mein ernstliches Bitten, und Drohen, wo man mir es abschlüge, wollte ich in eine Zigeunerbande treten, um Wissenschaft zu erkaufen, so viel sie auch kosten möchte — in eine ordentliche Schule gethan — Von da ward ich zu seiner Zeit auf die hohe Schule geschickt.

Ich darf Ihnen hier nicht mit einem umständlichen Berichte von meiner Erziehung beschwerlich fallen — Der Nuzzen davon zeigt sich deutlich genug in meinen Schriften — Laß deine Werke, nicht deine Worte, für dich den Beweis führen, hat jemand gesagt — wo nicht, so sage ich es. Mein Leben also ist alles, wozu der Leser mich hier aufzufordern berechtigt ist.

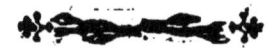

In dieses weite Feld also ward ich zuerst durch meiner Mutter Magd eingeführt — Das war aber kein Fehltritt von mir — Der Abfall war ganz ihr eigen — Ach! wie vielen Verstand hatte ich wohl? — Und es ist unnöthig, für diesen Fehler einige Entschuldigung vorzubringen — Die Menschen müssen zu den Geheimnissen der Bosheit eingeweiht werden, damit sie desto sichrer den Weg der Tugend betreten —

Und wenn Sie nicht mein Wort dafür annehmen wollen, darum weil ich ein Christ bin, so hören Sie zu, was Terenz[1], ein weltbekannter Heyde, von der Materie sagt.

Id vero est, quod ego mihi puto palmarium,
Me reperisse, quomodo adolescentulus
Meretricum ingenia et mores posset noscere,
Mature vt cum cognorit, perpetuo oderit.

Eun.

Einige Zeit darauf traf es sich, daß ich heirathete, und ich theilte meine Erfahrung meiner Frau mit — Sie war darüber nicht unzufrieden.

Es würde, deucht mich, von mir überaus unschicklich seyn, wenn ich zu einem solchen Kapitel, als dieses, noch einen Gedanken hinzusetzen wollte.

Das dreyzehnte Kapitel.

Von der gelehrten Sittsamkeit.

Da die Welt nicht mit gnugsamer christlicher Liebe geneigt scheint, mir einzuräumen, daß ich den hier vorgesetzten Titel verdiene, so zwingt sie mich damit, sogar die eignen Vorschriften dieser Tugend zu überschreiten, um diejenigen Beyspiele auszuzeichnen, wo ich eine seltne Probe meiner Wohlanständigkeit ablege.

Der Schluß meines letzten Kapitels ist ein merkwürdiges Beyspiel dieser Art — Mit welchem schicklichen Anstande ließ ich nicht über diesen Auftritt den Vorhang fallen! Gerade wie es Horaz haben will

— Non tamen intus
Digna geri, promes in scenam —

Und doch, ich versichre Ihnen, habe ich den Meursius, den Ausonius und Martinus Scriblerus gelesen — und ich denke, ich darf das um so viel freymüthiger bekennen, weil Sie sehen können, daß ich durch so gefährliche Beyspiele nicht um ein Haar schlimmer geworden bin.

Ein Wort im Vorbeygehn — Beyspiele sind ein Gift und Schimpf für die Gesetzgebung — Zu Rechtfertigung richtiger Maaßregeln hat man sie nicht nöthig; und zu Entschuldigung verkehrter sind sie schlechterdings nicht hinreichend — Blos für Herolde, Tanzmeister und Einführer bey Hofe können sie nützlich seyn — Denn in allen diesen Fächern kann weder Vernunft, noch Tugend, noch *salus populi* oder *suprema lex*, einiges Gute stiften.

Ein andrer Beweis meiner Zurückhaltung ist, daß ich, ob ich gleich den Terenz auf die Bahn brachte, dennoch nicht diejenige Stelle aus ihm anzog, worinne er die Unverschämtheit hat, zu sagen:

Non est flagitium, crede mihi, adolescentulum
Scortari neque *potare* —

Adelph.

Ob nun gleich dieses eigentlich nicht lediglich in dem Verstande gesagt ist, wie ihn das Wörterbuch angiebt, so könnte ich doch einen übeln Gebrauch davon gemacht haben, wofern ich den lüderlichen Hang des Gemüths hätte, den man mir so unbilliger weise zugeschrieben hat.

Ich bin ein Freund von einem Scherze; das begehre ich nicht zu läugnen — und es mag nun ein schwarzer oder weisser seyn, so gestehe ich, daß ich nicht allezeit so lange warte, um das zu untersuchen. Was will aber das sagen? Es nehmen wohl klügere Leute, als ich, oft die Dinge im Ganzen an — Und wenn wir nur belustigt werden, so glaube ich, es ist eher überfein als klug gehandelt, lange zuzusehen, welches das Mittel ist. Das halte ich aber für keinen Scherz, eines andern Gemüthe verführen, oder seine Grundsätze verderben — Und das mag mir schuld geben, wer es kann!

Das vierzehnte Kapitel.

Von der edeln Sittsamkeit.

Verstehen Sie wohl den Unterschied dieses Titels? Denn ich bin kein Worterklärer.

Αιδως ȣκ αγαθη ist ein Ausdruck im Hesiod. Horaz nennt es pudor malus, und die Franzosen sprechen mauvaise honte. Unter allen diesen Worten meynt man diejenige Art von verschämtem Wesen, die man an jungen Leuten von den bäßten Gaben und Verdiensten bey ihrem ersten Eintritte in das Leben oder in den Umgang mit der Welt wahrnimmt, und das viele Leute in der Folge niemals ablegen können.

Man spricht zwar, diese Art von Sittsamkeit wäre sehr zu loben, und ein günstiges Anzeichen bey der Jugend. Ich meines Orts kann nicht absehen, warum — Ist es nicht ein Vortheil, alle seine Fähigkeiten in seiner Gewalt haben? Und hat sie wohl ein verschämter Mensch in seiner Gewalt? Ein wenig Dreistigkeit setzt einen Menschen in vollkommnen Besitz seiner selbst.

Kann wohl ein Mensch, der seinen Kräften mißtraut, eben so gut schreiben, reden, lieben oder fechten, als der, welcher ein völliges Vertrauen auf sie setzt? Wenn wir von einem Soldaten ungünstig urtheilen wollen, dürfen wir wohl strengere Ausdrücke brauchen, als diese, er ist verschämt, er ist geneigt, am Tage des Treffens in Verlegenheit zu gerathen, u. s. w?

Wollten wir aber dieses angerechnete Verdienst in der Schule der Philosophie untersuchen, so würden wir vermuthlich finden, daß es seinen Grund nicht sowohl in andrer Sittsamkeit als in unsrer eignen Eitelkeit hat. Wir nehmen natürlicher weise diese Furcht vor uns für eine unsrer höhern Wichtigkeit bezeugte Achtung, und werden also vorher geschmeichelt, ehe wir loben.

Da ich nun eben kein großer Freund der Schmeicheley bin, so erinnere ich mich nicht, daß ich irgendiemandem in meinem Leben diese Art von kriechendem Complimente gemacht hätte. Ich habe sogar

unter Leuten von höchstem Range oder dem größten Geiste völlig gelassen mich niedergesetzt, oder bin gegangen, oder habe geschwatzt — Und ich würde mich eben so sehr schämen, wenn ich meinen wenigen Verstand oder Witz vor Leuten von höhern Gaben zurückhielte, als wenn ich mich darum in einen unsaubern Winkel des Zimmers verkriechen wollte, weil etwa ein längerer oder schönerer Mann als ich in der Gesellschaft wäre.

Das funfzehnte Kapitel.

Von den Hauptttugenden.

Nun gut, Leser — Du magst nun entweder männlichen oder weiblichen Geschlechts seyn — Mich deucht, ich habe mich nunmehr als Mann genug für dich gezeigt. Was begehrst du wohl mehr? In dem Leben eines kränklichen, häuslich erzognen, verheiratheten Dorfpfarrers außerordentliche Abenteuer oder verfängliche Situationen zu erwarten, dazu kannst du kein Recht haben.

Zwar habe ich einige — oder vielmehr viele — Verbindungen mit gewissen Anecdoten oder geheimen Nachrichten gehabt, die sich auf andre bezogen, und die dich gar sehr belustigen würden; es scheint mir auch, als wäre ich zeit meines Lebens nicht so aufgelegt zu Erzählung einer Geschichte gewesen, als in diesem nämlichen Augenblicke — Aber es fehlt mir an Herze dazu — Immer lache über mich, so viel du nur willst — aber ich werde dich niemals auf Kosten meiner Freunde lustig machen.

Was mich betrifft, so habe ich stets ein denkendes — und wer sollte das glauben? — noch mehr ein geschäfftiges Wesen abgegeben. Mein Gemüthe ist wirklich ein irrender Ritter gewesen, mein Körper aber nur ein gemeiner Edelmann — Und er ist durch die Auswanderungen und Windmühlen seines Herrn so abgemattet und abgetrieben worden, daß er lange schon gewünscht hat, aus seinem Dienste zu gehen, und oft mit dem Sancho Pansa ausruft: „gesegnet „sey doch der Mann, der zuerst den Schlaf „erfunden hat!“

Aber ungeachtet der natürlichen Trägheit eben besagten meines Körpers, habe ich es doch so angefangen, daß ich völlig alle unterscheidende Kennzeichen eines Menschen erfüllte, die, nach dem Verzeichnisse eines Philosophen, diese vier sind

Ein Haus bauen —
Einen Baum ziehen —
Ein Buch schreiben —
Und
Ein Kind zeugen —

Diese vier Haupttugenden habe ich denn sehr gewissenhaft ausgeübt, so daß ich meinen Namen nicht unrühmlich hinter mir lassen darf.

Nun sind aber das alles, man glaube mir, verb. sacer. — sehr angenehme Verrichtungen, so daß ich mich wirklich wundre, daß die Leute nicht jede derselben noch öfter, als es geschieht, vollbringen — Zudem so sind das alles Werke, welche die Schöpfung auf sehr merkliche Art nachahmen — Sie geschehen, um Ordnung aus dem Chaos, Licht aus der Dunkelheit hervorzubringen, und die Oberfläche der Erde zu zieren und zu bevölkern. So gehet denn hin, gehet, ihr

herum streichenden Müßiggänger der Welt!

Bauet Häuser —
Zieht Bäume —
Schreibet Bücher —
Und
Zeuget Kinder —

Suchet einen sich auf euch beziehenden Begriff nach euch zu lassen — so daß, wenn es auch zutreffen sollte, daß die Nachwelt über euern Tod nicht trauerte, sie doch wenigstens nicht darüber trauern darf, daß ihr gar nicht gelebt habet.

Das sechzehnte Kapitel.

Ein Brief.

Madam,

Ich kann leicht einsehen, wie sehr Ihnen beym Schlusse meines letzten Kapitels Ihre Erwartung fehlgeschlagen ist — Sie hatten Ursache, das gestehe ich, etwas Schalkhafters von mir über diese Materie zu erwarten, als was ich Ihnen dort vorgesetzt habe.

Quid tibi vis, mulier?

Aber ich kopple nicht für andre; und von ungefähr traf es sich, daß ich in diesem Abschnitte nicht aufgelegt war, einen Spas zu machen — Ich habe seit einiger Zeit eine harte Anwandlung von Kolik und Engbrüstigkeit gehabt — Die ist eine große Verbäßrerin der Sitten.

Ja, ich habe in jenem Kapitel meine gelehrte Sittsamkeit so weit getrieben, daß ich, bey Erwähnung der vier Unterscheidungszeichen der Menschen, sie alle unter dem philosophischen Worte der Schöpfung (Creatio) begriffen habe — ohne den letztern Umstand, wie ich doch mit allem Grunde hätte thun können, durch das gemeine Kunstwort procreatio zu unterscheiden — Nein — Wie Sie sehen, so habe ich mich in derselben Stelle von allem pro und contra genau enthalten.

Und abermals — wenn ich von der letztern Beschäfftigung rede, bediene ich mich blos des Worts zeugen, anstatt daß ich das den Hebammen geläufige erzeugen *) hätte einführen sollen, welches,

*) Das bezieht sich auf die englische Sprache, und läßt sich im Deutschen nicht genau ausdrücken.

mit Ihrer Herrlichkeit Genehmhaltung, wie Sie wohl wissen, schon näher auf die Sache würde gewiesen haben.

Ich bin,

Madam, u. s. w.

T. J. U.

An die Gräfin von ***

Das siebzehnte Kapitel.

Der Fall der Zunge.

Ueberhaupt aber bin ich nicht immer so gar sehr auf meiner Hut — ich meyne blos in Ansehung meiner Ausdrücke — Denn es entfallen mir zuweilen Worte ohne einen ihnen gleich geltenden Gedanken — Es trifft sich unglücklicher weise, daß ich mit einer besondern Art des Ausdrucks angesteckt bin, darüber ich in der Hizze des Redens selten Herr bleiben kann — das macht denn oft, daß ich etwas zu meynen scheine, das doch zu derselben Zeit weit von meinen Gedanken entfernt war.

Ich habe zuweilem mit allem ersinnlichen Ernste mein Gesinde gescholten, und auf meine Frau und meine Kinder geschmält — und wenn es mir nun empfindlich werden wollte, daß sie zu sehr unter dem Schrecken meines Zorns zu zittern schienen, so bedenke man, wie sehr das — einen zornigen Mann kränken mußte, wenn ich sah, daß sie sich blos vor Lachen die Seiten hielten, wegen irgendeines kurzweiligen Bildes oder lächerlichen Ausdrucks, den ich in der Hitze unversehens ausgestoßen hatte.

Ebendieselbe Stückkugel, die dem Marschalle Türenne den Kopf abschlug, nahm auch dem Generale St. Hilaire einen Arm weg — Sein dabey stehender Sohn brach über seines Vaters Unglück in heftiges Leidwesen aus. Der Vater aber verwies es ihm, und sagte: „Mein „Sohn, weine nicht um mich, sondern „um ihn!“

Die großmüthige Betrübniß und erhabne Gesinnung, von der damals dieser rechtschaffne Mann gerührt gewesen seyn muß, wirkte so mächtig auf meine Nerven, daß sich mein Herz in mir bewegte, wie der Schall einer Trompete *)

Ich wiederholte einmal diese Begebenheit in einer Gesellschaft, und sie that ihre Wirkung, bis daß ich sie mit diesen Worten beschloß: „Dabey wies er auf „den namenlosen Leib **) mit der einen „Hand, die ihm noch übrig war.“ Hier fiengen sie alle an zu lachen — Ich glaubte, sie wären zu unvernünftigen Thieren geworden — besann mich aber bald wieder, und war beschämt.

Als ich einmal einem jungen Rechtsgelehrten das Geheimniß der Erlösung erklärte, begegnete es mir, daß ich eine Anspielung machte, die in seine Wissenschaft einschlug, von Aufhebung einer Geldbuße, und der Zulassung, vor Gerichte Recht zu behalten. Dieses Gleichniß ward nachher zu meinem Nachtheile wiederholt; und von nun an ward ich für einen Ungläubigen angesehen.

*) So ist es dem Sir Philipp Sidney, nach seiner Erzählung, ergangen, so oft er das Gassenlied Piercy und Douglas hörte.

**) — Sine nomine corpus.

Virg.

Und warum denn? — Blos darum, vermuthe ich, weil ich ein lustiger Pfarrer bin — Denn der heilige Patrick, Schutzheiliger von Irland, ward darum, weil er ein ernsthafter war, heilig gesprochen, weil er die Dreyfaltigkeit durch eine Vergleichung mit dem Kleeblatte erläutert hatte.

Das achtzehnte Kapitel.

An den Leser.

Du beschwerst dich — das ist, ich hoffe, du beschwerst dich — über die Kürze meiner Kapitel — Aber wenn du längere haben willst, mußt du mit albernern für lieb nehmen — Es giebt nur wenige Materien, die Mannichfaltigkeit genug verschaffen können, um dich viele Seiten hindurch zu unterhalten.

Daher läßt hier das gute alte Sprichwort sehr schicklich sich anbringen; zween Köpfe sind bässer als einer — Meine Gedanken aber wachsen, so wie der Hydra Köpfe, aus einander hervor; sobald ich den einen abgefertigt habe, springt wieder ein andrer an seiner Stelle auf.

Aber fürchte nichts, mein guter Leser. Denn ich werde dieses Werk so lang machen, als ich kann; wenn gleich nicht so langweilig, als ich könnte. Ich brauche keine Advocatenkünste, um einen Rechtshandel zu verlängern, sondern wünsche, daß das friedrichische Gesetzbuch in der Gelehrsamkeit eben sowohl eingeführt werden möge, als vor Gerichte.

Du sollst gewiß für dein Geld Materie genug in gegenwärtiger Schrift finden — Aber du wirst sie alle unter dem Titel von kurzen Sachen antreffen.

Wenige Worte zwischen Freunden sind die bäßten, spricht man — Noch wenigere zwischen Feinden, spreche ich — Und einer oder der andre von diesen mußt du seyn, das glaube mir — Denn daß du gleichgültig seyn solltest, das kann ich dir nimmermehr zutrauen.

Das neunzehnte. Kapitel.

Eines andern Mannes Frau.

Ungefähr das Jahr zuvor, ehe ich heirathete, empfieng ich folgenden sehr außerordentlichen und rührenden Brief.

— — — — —

— — — — —

— — — — —

— — — — —

— — — — —

— — — — —

— — — — —

— — — — —

— — — — —

— — — — —

Man sehe oben den zweyten Paragraphen des funfzehnten Kapitels.

Aber, wie ich schon gesagt habe, was kann heute zu Tage, nachdem die Reformation die gute alte Gewohnheit der Ohrenbeichte aus unsrer Kirchenordnung weggestrichen hat, ein Pfarrer mit eines andern Frau zu thun haben? — Wenn ich gleich sagte, sie hätte mich in ihrer Verlegenheit herbey gerufen, ich hätte sie vom Mangel befreyet, und ihr in der Noth beygestanden — schon diese Betrachtungen würden mir es schlechterdings unmöglich gemacht haben, einen Anschlag auf sie zu machen, wenn ich auch noch so sehr ein Freygeist gewesen wäre — so half das alles nichts — Die Antwort war stets, sie wäre doch einmal eines andern Mannes Frau.

Es scheint also, man müßte mit allen Weibern umgehen, wie mit den spanischen Königinnen, die man, wenn sie von ungefähr in einen Graben gefallen sind, darinne liegen, zappeln, und sich zu ihrer Rettung so lange zerarbeiten lassen muß, bis daß ihr königlicher Gemahl Muße oder Lust haben wird, hinzugehen, und sie herauszuziehen.

Es ist für jeden Unterthan tödlich, wenn er seine unheiligen Finger an ihre Majestät legen sollte; und da die Rechtsgelehrten desselben Hofes noch nicht haben bestimmen können, in welchem Puncte ihrer geheiligten Person ihre Göttlichkeit den Sitz hat, so hat man es für das sicherste geachtet, sich lieber gar an keinem Theil ihres Leibes zu vergreiffen.

Eine solcher elenden Staatspersonen ward einmal von ihrem Zelter abgeworfen, und fiel auf das Pflaster im Escuriale. Ihr königlicher Fuß steckte in dem Steigbügel, und sie ward eine gute Zeit im Hofe herum geschleppt. Ihr getreuer Stallmeister lief die ganze Zeit über neben ihr her, mit abgewandtem Kopfe, ausgestreckten Armen, und hielt über ihrer Majestät den Hut mit dem Daumen, Zeiger und Mittelfinger — wie uns die Tanzmeister weisen, daß man ein Compliment machen soll — bis daß der König Don aus dem Staatsrathe gerufen ward, um derselben Majestät wieder zu einem dem Wohlstande gemäßen Zustande zu verhelfen — Nach der Minister ihrer magna Charta des Beyspieles hätte sie wohl können das Leben eingebüßt haben.

Jene meine Begebenheit nun war das erste, was mich iemals in Schulden gebracht hat. Ich war bey dieser Gelegenheit genöthigt, noch über das alles, was ich auf mein ehrliches Gesichte aufbringen konnte, zweyhundert Pfund zu borgen — Ich konnte keine gehörige

Sicherheit dafür verschaffen — Doch zu allem Glücke hatte damals der Hauptmann le Fevre seine Stelle unter der Armee verkauft — Bey dem versetzte ich die Geschichte, und er schoß mir das Geld vor.

Nun war er kein Mann, der Zinsen hätte annehmen wollen. Daher machte ich ihm ein Geschenke. Er war ein Freund vom Lesen. Da nun eben damals eine sinnreiche und unterhaltende Sammlung von Wochenblättern unter dem Titel die Welt abgedruckt, und in vier Bänden herausgegeben worden war, schickte ich sie ihm, und schrieb darauf folgende Zeilen. Es waren die ersten Reime, die ich iemals in meinem Leben zusammenzustoppeln versucht hatte.

An den Hauptmann le Fevre.

„Es ist nicht mehr als billig, meinen
„Witz für denjenigen zu wagen, der
„mir unbedächtiger weise Geld geliehen hatte. Nun suchte ich welchen
„unter meiner ganzen Hirnschale herum; aber vergebens. Doch da ich

„gehört hatte, derjenige Witz wäre „der bäßte, der gekauft würde, „schickte ich in Dodsleys Laden nach „gegenwärtigem, um alle Menschen „wissen zu lassen, daß ich Ihnen ver„bunden bin. Der große Alexander „weinte, weil ihm eine Welt nicht „genug war. Wie viel glücklicher „sind Sie, der Sie nunmehr über vier „lachen können!“

Das zwanzigste Kapitel.

Die Sinnschrift.

Auf diese heitre Art bin ich denn bis daher durch das Leben, durch widrige Zufälle und schlimme Gesundheitsumstände gegangen — jedoch nicht ohne manchen strengen Tadel wegen meiner Zerstreuung, meines Mangels an Anstande, zu hören. Man hat oft auf das Leichtsinnige in meinen Sitten gescholten; wiewohl es in der That von der Schwere meiner Philosophie herkömmt. Was giebt es wohl im Leben, das eines ernsthaften Gedankens würdig wäre? Und aus dem

nämlichen Grunde, weil ich eine bäßre Meynung von der Fürsehung gefaßt hatte, als die man durchgängig für die rechtgläubige ansieht, hat man mich zuweilen für einen Ungläubigen gehalten.

Nach der gegenwärtigen theologischen Berechnung müssen gegen eine Seele, die gerettet wird, zehn verloren gehen — Diesem Ueberschlage zu folge, kann der Himmel nur seine Cohorten *) aufstellen, da indessen die Hölle ihre Legionen **) unter sich hat — Nach dieser traurigen Schätzung sollte es scheinen, daß, wenn gleich unser Heiland durch die Auferstehung den Tod besiegt hat, er doch nicht im Stande gewesen wäre, durch seine Erlösung die Sünde zu überwinden.

Versichert, das muß die verdammungswürdigste Rechenkunst seyn — Keineswegs! — Mich deucht, wenn wir dem Teufel alle Tyrannen preis geben, alle Wucherer, Mörder, sowohl des Lebens als guten Namens, die Heuchler, die meineydigen Liebhaber, und ieden obersten in der Geschichte, (ausgenom-

*) Ein Haufe von 500.

**) Ein Haufe von 5000.

men den Sülly, Walsingham und Strafford, welcher sein eignes Todesurtheil unterzeichnete, um seinen König und sein Vaterland zu retten) so thun wir für den Teufel so viel, als er nur mit gutem Gewissen begehren, oder was eure Achtung für ihn der Billigkeit nach erfordern kann: *)

Ich speisete einmal bey einem Freunde — Es fehlte an Weine — Er schickte mich in den Keller — Der war aus dichtem Fels gehauen — Als ich zurückgekommen war, schrieb ich aus dem Stegreife folgendes Kartenblat an meinen Wirth, und warf es über den Tisch hin.

„Als Moses mit dem göttlichen
„Stabe an den Fels schlug, floß
„kaltes Wasser; der deinige aber
„giebt trefflichen Wein. Eben so

*) Hic, quibus inuisi fratres, dum vita manebat,
Pulsatusue parens, et fraus innexa clienti:
Aut qui diuitiis soli incubuere repertis,
Nec partem posuere suis: quae maxima turba est:
Quique ob adulterium caesi, quique arma secuti,
Impia, nec veriti dominorum fallere dextras,
Inclusi poenam expectant —

„erzählt uns die Schrift, daß an
„jener Hochzeit Wasser in Wein
„verwandelt ward, damit ehrliche
„Leute sich lustig machen könnten.“

Einige Jahre nach diesem sehr unschuldigen Spiele der Einbildungskraft wurden diese Zeilen von einem gewissen Bischoffe wider mich zum Beweise angeführt, daß ich weder vom alten noch neuen Testamente ein Wort glauben müßte — Das war nun Ursache, warum ich nicht konnte vorgezogen werden*) — Ich lächelte blos, und zog mich — ihm selbst vor.

Das einundzwanzigste Kapitel.

Das heutige Evangelium.

Weil einmal die Rede davon ist, will ich Ihnen noch eine andre verdammungswürdige That von mir erzählen.

In der Stadt N., welche das Recht hat, ein Parlementsglied zu wählen, ward an der Kirche gebaut. Die Gemeine gab unterdessen ihr Rathhaus zur Kapelle

*) Befördert werden.

her — Nun war nicht lange zuvor Parlementswahl in der Stadt gewesen — Bey diesem Kaufhandel hatten der verehrungswürdige Bürgermeister, die Beysitzer, und so weiter, offenbar — — Sie wissen schon, wie es gemeiniglich bey Wahlen hergeht, und was für vortreffliche Sicherheit sie seit einiger Zeit unserm Leben, unsrer Freyheit und unsern Gütern verschaffen.

Einmal des Sonntags saß ich in der Gemeine, als eben das Evangelium aus dem neunzehnten Kapitel des Lucas genommen war, wo erzählt wird, wie der Heiland die Käufer und Verkäufer aus dem Tempel trieb — Ich zog meinen Pinsel aus der Tasche, und schrieb in der Eile folgendes auf eins von den viereckichten Feldern über meinem Kirchstuhle:

„Wer das neunzehnte Kapitel im Lu„cas liest, der glaubt auch, daß ehe„mals das Bethaus ein Nest der „Räuber gewesen sey. Hier aber ist, „mit günstiger Erlaubniß unsers from„men Bürgemeisters, ein Nest der „Räuber in ein Bethaus verwandelt „worden.“

Man hatte auf mich Achtung gegeben — Nun war ich einige Zeit vor diesem Vorfalle zum Mitgliede unter diese Gemeine aufgenommen worden. Sobald man aber diese Spötterey entdeckte, strich der Bürgemeister sogleich meinen Namen aus dem Buche aus, und das blos von Amts wegen — ohn einigen Vorwand oder gerichtliches Verhör.

Hier aber hatte ich keine Ursache, mich zu beschweren — Ich war gewiß in diesem Falle einer Gottlosigkeit gegen die Brüderschaft dieser Gemeine schuldig — und sie ahndeten sie als Menschen — Nur wundert mich aber die Trüglichkeit der Gottesgelehrten.

Es giebt viele fromme Männer darunter, die häufige Stoßgebete sprechen, und glauben, ich hätte lange schon aus der Kirche sollen ausgeschlossen werden — Dem sey wie ihm will, so bin ich wenigstens sicher, daß ich berechtigt bin, in den persischen Tempeln als Priester aufgenommen zu werden — denn alle, die man dazu einweiht, müssen zuerst ein Probejahr von Vorwurfe und Verdrusse aushalten, um zu beweisen, daß sie frey von Leidenschaft, Rachgier oder Ungeduld sind.

Ich bin in dem nämlichen Falle, als Cato der Sittenrichter — nicht eben in Ansehung der Strenge seiner Zucht, das gestehe ich — sondern wenigstens in dem Stücke, daß er achtzig mal war verklagt worden — Er hatte iedoch den Vortheil, daß es bey seinen Verhören ehrlicher zugieng, als bey den meinigen iemals — denn er ward oft losgesprochen.

Gott verzeihe ihnen! Ich meinerseits verzeihe ihnen auch ihre Gebete wegen eines alten Sprichworts — Darf ich es hier wohl wiederholen?

Das zweyundzwanzigste Kapitel.

Duldung — oder Verfolgung.

Als ich eines Tages von dergleichen Dingen mit Voltären sprach, und er mir zu dem günstigen Umstande und Vortheile glückwünschte, daß ich in einem Lande lebte, wo dergleichen Ausdrücke und Anspielungen, welche Unwissenheit oder Bosheit für Verrätherey wider den Staat oder Gotteslästerung wider die Kirche auslegt, der Inqvisition oder Bastille entkommen könnten.

Darauf gab er mir seine Abhandlung von der Duldung, die nur kürzlich herausgekommen war — Sie ist, so wie alle seine Werke, sehr geistvoll, witzig und gelehrt geschrieben, um zu beweisen, was niemals noch ein Thor hat können streitig machen, daß die Verfolgung um Gottes willen die allergottloseste Sache ist, und der Vernunft, Natur und Schrift entgegenläuft.

Mir kömmt es sehr außerordentlich vor, da sich einmal eine so teuflische Gesinnung in der Verderbniß der menschlichen Natur findet, als die Verfolgung wegen verschiedner Religionsmeynungen ist, daß es doch niemals eine Inqvisition, ein Auto da fe, einen Kreuzzug unter den Heyden gegeben hat — Daß während der Zeiten der Unwissenheit und Barbarey, in welchen der Teufel, wie uns die Gottesgelehrten erzählen, die Kirche regiert, zweydeutige Orakelsprüche gethan, Unzucht anbefohlen, und Menschenopfer verordnet hat, daß gleichwohl damals nicht Brüder wider Brüder, noch ein Volk gegen das andre zu bürgerlicher Wut oder zu einem frommen Kriege sind aufgewiegelt worden — Und daß hingegen, sobald es Gott gefallen hatte, durch eine wunderthätige Zwischenkunft die Kirche in seine eignen Hände zu übernehmen, sich von da an ein so anstößiger und gottloser Zeitpunct anheben mußte — daß das Wort des Friedens das Schwert aufbieten, und die Gebote der Liebe und Eintracht Haß und Zwist hervorbringen mußten.

Der christliche — sprich unchristliche — Priester sagt mir, die Ursache dieses merkwürdigen Unterschieds wäre die gewesen, weil die Heyden keinen einzigen Glaubensartikel gehabt hätten, der des Streits werth gewesen wäre — weil sie durchgängig annahmen, die Seele gienge mit dem Leibe unter — Post mortem nihil est, das war ihr Glaubensbekenntniß — Und selbst die wenigen unter den Philosophen, die noch ein nachheriges Daseyn einräumten, läugneten doch zugleich die Hölle — Non est vnus tam excors, spricht Cicero, qui credat.

Weil denn also, fährt der gute Katholik fort, unwissender weise vorausgesetzt ward, das ganze menschliche Daseyn wäre innerhalb des Umfangs des sterblichen Lebens begriffen, so waren Friede, Freundschaft und Güte ganz gewiß dem Kriege, der Feindschaft und Verfolgung vorzuziehen.

Nachdem aber die unsterbliche Seele der Sorge des Statthalters Christi hier auf der Erde untergeben worden war, wie sehr müßten da solche Gottesgelehrte unwürdig seyn, Priester des Lamms und Orakel der Taube genannt zu werden, die nicht den Leib eines Ketzers in die Flammen werfen wollten! *)

Ich kann mir nicht helfen, wenn ich von der Rechtgläubigkeit dieses wahren katholischen Lehrsatzes abweiche, und mehr geneigt bin, mit dem Cicero in oben angeführter Stelle einstimmig zu seyn, wiewohl er selbst nur noch im Finstern tapfte — Denn eine Seele glauben,

*) Die Papisten wollen ihre Streitsucht aus dem Schriftorte beweisen, haereticum hominem deuita — da legen sie denn das letzte Wort aus; de vita tollere.

und sie doch verdammen, das ist, deucht mich, nicht Leichtsinn, sondern des Donners werth.

Das dreyundzwanzigste Kapitel.

Meine Religion.

Sie fragen, was denn wohl meine eignen Begriffe von der Religion sind? — Das will ich Ihnen sagen — Ich liege itzt auf meinem Todbette.

Ich habe in dem Stücke sowohl Ueberzeugung als Glauben genug, daß ich ein Methodist werden, und geistliche Hitze genug, daß ich ein Schwärmer werden könnte. Doch ich danke Gott, daß ich niemals gottlos genug gewesen bin, auf solche Ausschweifungen zu verfallen.

Eine Leidenschaft muß durch die andre bestritten werden — Daher werden aus heillosen Sündern insgemein Andächtige — Das ist die natürliche Folge einer Art Leute, die zwar etwas Paradoxes, doch aber im Leben gemein genug sind, qui credunt multum, et peccant fortiter.

Ich meines Orts hoffe, daß der sanfte

Wind der eingeführten Rechtgläubigkeit unsrer Kirche stark genug seyn soll, meine Seele zum Himmel zu tragen — Ich habe keine solche Last von Sünden an mir angebunden, daß ein Sturm nöthig wäre, um sie zu heben — Und seitdem die Orakel aufgehört haben, glaube ich, daß einem Menschen gnugsame Gnade eingeflößt werden kann, ohne daß er darum in Verzuckungen fallen darf.

Ich bin eben so gewiß, daß ein Gott dort oben ist, als, daß ich hier unten bin — Meine Gewißheit ist gleich groß — Denn wie wäre ich wohl sonst hieher gekommen?

„Saget mir, wenn ihr es gesehen
„habt, wie kam es, daß ich so wur-
„de? wie kam ich hieher? Von mir
„selbst ist es nicht geschehen" —*)

Er muß die Tugend lieben, und das Laster verabscheuen — Folglich muß er sowohl belohnen als bestrafen — Sind wir keine der Rechenschaft unterworfne Geschöpfe, so sind wir gewiß Geschöpfe,

*) So führt Milton den Adam redend ein, als er zuerst nach seiner Erschaffung zu sich kömmt.

von denen sich in der Welt keine Rechenschaft geben läßt. *)

Nachdem der Geist entwichen, und sein Leib im Grabe umgekommen ist, widerstreitet da wohl die Auferstehung des Menschen deiner eiteln Philosophie? — Frage die Raupe, du Unwissender, und der Schmetterling soll dir es auflösen — In ihrem ersten Stande ist sie träge, hülflos, ohne Kunst — kriecht auf der Oberfläche der Erde, und nimmt ihre grobe Nahrung von dem Kraute auf dem Felde — Nach seiner Verwandlung, seiner Auferstehung, ist es ein geflügelter Seraph, prächtig anzusehen, leicht wie die Luft, behend wie der Wind, schlurft den Thau der Morgenröthe, und saugt nectargleiche Essenzen aus würzhaften Bluhmen. **)

Ist nicht die unwahrscheinliche Fabel von den Köpfen der Hydra schon seit langer Zeit wahr gemacht — ja, sogar über die Schranken der ausschweifendsten Erdichtung hinaus übertroffen worden, in-

*) Die unerklärlichsten.

**) Psyche bedeutet auf Griechisch sowohl einen Schmetterling als die Seele.

dem sie dem ganzen zuvor bekannten Laufe der Natur schnurstracks entgegen lief — und das zwar durch den Polypen, der sich durch Zerschneidung fortpflanzt? — Die Analogieen in der Natur zeigen genugsam die Wege der Fürsehung an.

Muß denn wohl alles und iedes unmöglich seyn, was unsre Unwissenheit sich nicht zu erklären vermag? Giebt es nicht unzählige Geheimnisse in der Natur, die uns täglich der Zufall entdeckt, oder die Experimentalphilosophie erweist? Und wir wollen noch immer so kühn seyn, die Kräfte des großen Urhebers derselben Natur einzuschränken?

Was war es, das die Materie erschuf? Was war es, das der Materie Bewegung verlieh? Was war es, das zu Materie und Bewegung Empfindung hinzusetzte? Was war es, das diesem allen Bewußtseyn, Verstand, Ueberlegung beyfügte? Was war es, großer Gott! Was war es? — Löset mir doch auf, ihr Ungläubigen, was das war — Bis dahin verstummet — O traurigste Thorheit!

1. Löwenhoek zeigt euch durch seine Vergrösserungsgläser in dem Leibe eines

völlig ausgewachsnen Menschen gewisse Fibern von solcher Feinheit, daß ihrer sechshundert neben einander nur so dick sind, als ein einzelnes Haar auf seinem Kopfe.

2. Er zeigt euch ferner durch das nämliche Hülfsmittel, daß ein Sandkorn groß genug ist, um 125,000 von den Schweislöchern zu bedecken, durch welche täglich unsre Ausdünstungen gehen.

3. Man kann machen, daß das Wasser mitten im Sommer gefriert, wofern man es über das Feuer bringt.

4. Einer Linse von Eise kann man sich als eines Brennglases bedienen.

5. Eine Linie, eines Zolles lang, kann in eben so viele Theile getheilt werden, als der Raum von einer Meile.

6. Die Sonne ist uns im Winter um etliche Millionen Meilen näher, als im Sommer.

7. Wenn jemand die Erde umreist, so legt sein Kopf viele tausend Meilen mehr zurück, als sein Fuß.

8. Es giebt nach mathematischer Gewißheit zwo Linien, die sich einander bis ins Unendliche nähern können, ohne daß

es möglich wäre, daß sie jemals einander berührten. *)

Ey meine guten Ungläubigen, giebt es wohl in der christlichen Religion einen einzigen Glaubensartickel, der der Vernunft oder Wahrscheinlichkeit mehr widerstritte, als diese acht angeführten Sätze? Gleichwohl lassen sie sich alle entweder sinnlich oder mathematisch erweisen.

Läßt sich wohl von einem Menschen, der solche Betrachtungen anzustellen im Stande ist, jemals vermuthen, daß er ein Ungläubiger entweder in der natürlichen oder offenbarten Religion wäre? Die müssen den Glauben der Ungläubigen haben, die eine solche Voraussetzung für wahr annehmen können — Qui studet, orat, ist ein richtiger Ausdruck.

Das vierundzwanzigste Kapitel.

Der Bekehrte.

Ich hatte einmal vertraute Bekanntschaft mit einem Manne von Verstande und Tugend, der aber zugleich eine ge-

*) Die Asymptoten einer Hyperbel.

wisse Trägheit des Gemüths an sich hatte, die ihm zuließ, sich bey den Meynungen andrer zu beruhigen, ohne sich jemals die Mühe zu geben, sie zu untersuchen. Er besaß mehr Witz als Weisheit; und ein Scherz galt bey ihm eben so gut für einen Grund, als beym Schaftesbury. *)

Ich liebte und bedauerte ihn — Tugend genug haben, um recht zu handeln, und doch nicht Verstand genug, um so zu urtheilen! — Wir haben uns hierüber häufig besprochen — Er sagte oft, er wollte die Welt darum geben, wenn er so denken könnte, als ich, und bat mich um meinen Beystand.

Ich machte ihn sogleich zum Deisten, ohn einige weitere Hülfe, als meine eigne armselige Philosophie — Darauf gab ich ihm des Duncan Forbes Gedanken von der Religion **) in die Hände. Er

*) Der das Lächerliche zum Prüfesteine der Wahrheit macht.

**) Der Grund, auf den er fußt, ist der, daß eine Aussöhnung durch Blut und Opfer, die sich durch alle jüdische und heydnische Gebräuche erstreckt, ein so unvernünftiger

durchlas das Buch sorgfältig, und gab es mit dieser auf die letzte Seite geschriebnen Anmerkung wieder: „du überredest „mich fast, daß ich ein Christ würde.“

Darauf gab ich ihm Pascals Gedanken über ebendiese Materie. **) Er schickte mir sie mit dieser beygeschriebnen Anmerkung wieder, „ich bin nun nicht „allein fast, sondern auch völlig so wie „du, ausgenommen den ungereimten „und unphilosophischen Begriff der Brod„verwandlung.“

Begriff war, daß möglicher weise nichts als die ursprüngliche Offenbarung der Art der Versöhnung, wie sie künftig unter der christlichen Verfassung der Fürsehung erhalten werden sollte, den Glauben und die Ausübung desselben veranlaßt haben könnte.

**) In seinen Lettres Provinciales. Einer der stärksten Beweise, die er für die Wahrheit des Christenthums angiebt, entspringt aus der Hartnäckigkeit eines ganzen Volks, das noch immer fortfährt, sie zu läugnen. Nach dieser Betrachtung nennt er die Juden ein fortlaufendes Wunderwerk, weil sie seitdem stets unter der merkwürdigen Beschreibung des prophetischen Fluchs gewesen sind.

Man mache jemanden nur erst zu einem gesunden Sittenlehrer, so wird es hernach vielmehr der Trägheit oder Unwissenheit, als der Gottlosigkeit oder Ungläubigkeit zuzuschreiben seyn, wenn man ihn nicht kann zum Christen machen. Ich habe seitdem stets das Vergnügen gehabt, zu sehen, wie dieser rechtschaffne Mann zu dem Glauben gute Werke setzte, und in den Grundsätzen sowohl als in der Ausübung ein orthodoxes und erbauliches Leben führte.

Daß wir nun allerseits dieses thun mögen, verleihe uns der Himmel in Gnaden! Amen.

Das fünfundzwanzigste Kapitel.

Die Heiterkeit.

Dieser richtige Verstand der Religion war es, der mein ganzes Leben so heiter gemacht hat, als es stets auf so merkliche Art gewesen ist — zu großem Anstoße unsrer Eiferer — Aber warum, man sage mir doch, sollten denn die Priester beständig ernsthaft seyn? Ist es denn etwas so Trauriges, ein Pfarrer zu seyn?

Werdet so wie eins von diesen, sagt der Heiland — das ist, lustig wie kleine Kinder — Einen fröhlichen Geber hat Gott lieb — Warum nicht auch einen fröhlichen Nehmer? Die neununddreyßig Artickel der englischen Kirche sind unvollständig, so lange nicht ein vierzigster, der die Heiterkeit anbefiehlt, hinzugethan wird — Oder man kann auch ihre Zahl lassen, wie sie ist, wofern man nur den dreyzehnten *) wegstreicht, und diesen himmlischen Grundsatz an dessen Stelle setzt.

Konnte nicht der Aerzbischoff von Caschel — ich meyne diesen Mann nicht — ein gesunder Gottesgelehrter gewesen seyn, wen er gleich zu dem alten irländi-

*) Der heißt so: *De operibus ante iustificationem.* Opera, quae fiunt, ante gratiam Christi et spiritus eius afflatum, cum ex fide Iesu Christi non prodeant, minime Deo grata sunt, neque gratiam (vt multi vocant) de congruo merentur. Imo cum non sunt facta, vt Deus ea fieri voluit et praecepit, peccati rationem habere non dubitamus.

schen Gassenliede *) die schalkhafte Strophe vom Broglio hinzusetzte? Hat des Bischoffs — nicht des Grafen — von Rochester Gedichte über die männlichen Eigenschaften des Fächers eines Frauenzimmers seine Rechtgläubigkeit im geringsten verdächtig gemacht?

Heliodor, Bischoff zu — Ich habe vergessen, wo — ward seines Amts beraubt, weil er den Theagenes und die Chariclea geschrieben hatte — Das war vom Pabste doppelt ungereimt — Die Untrüglichkeit seiner Heiligkeit schoß hier über das Ziel hinaus — Zuerst stand in dem ganzen Romane nichts schalkhaftes oder ketzerisches — Zum andern war denn nicht der Umstand, daß ein weißes Kind von schwarzen Aeltern, vermöge des Eindrucks eines unten am Brautbette hängenden Bildes eines Europäers, erzeugt worden war, eine Bestärkung, wenn anders eine nöthig war — der Philosophie der Schrift von den streifichten Ziegen? Bey alle dem fange ich an zu argwohnen, daß die Herrn Päbste nichts besser sind, als andre Menschen.

*) Zum Lobe der Moll Roe

Plato und Seneca — und versichert, sie waren ernsthaft und weise genug dazu, daß man sie hätte heilig sprechen können — glaubten, eine Empfindung der Heiterkeit und Freude sollte bey Kindern stets von ihrer Kindheit an aufgemuntert werden — nicht blos wegen ihrer Gesundheit, sondern auch, weil sie wahre Tugend hervorbrächte — Das ist die buchstäbliche Uebersetzung ihrer eignen Worte — in so weit ich im Stande bin, Griechisch oder Lateinisch zu verstehen.

Heiterkeit, selbst bis zur Lustigkeit, stimmt zu jeder Art von Tugend und Ausübung der Religion — Mir scheint sie blos mit der Gottlosigkeit oder dem Laster sich nicht zu vertragen — Die Wege des Himmels sind Anmuth — Wir beten den Allmächtigen an, wir preisen und danken ihm in Liedern und Hymnen — die noch dazu in Musik gesetzt sind — Lasset uns froh seyn! Das sey des Christen Psalm — und er überlasse es dem traurigen Indianer, den Teufel mit Thränen und Geschrey zu beschwören.

Wenn die Athenienser eine Eule als den Vogel der Weisheit malten, meynten sie doch wahrhäftig nicht den Uhu — Ich glaube jedoch, mit ihrer Erlaubniß, ein Sperling wäre ein schicklichers Sinnbild der wahren Weisheit gewesen, weil er der lustigste und verliebteste Vogel in der Luft ist.

Es hat Päbste gegeben, die mich wegen einer solchen Anspielung als diese ist in den Bann gethan haben würden.

Das sechsundzwanzigste Kapitel.

Eine traurige Betrachtung.

Daß doch noch so vieler Mangel an Religion in der Welt ist! — Daß doch diejenigen — Denn das macht eben das Uebel unheilbar — deren größter Vortheil es gewiß seyn muß, diese große, diese einzige Vormauer unsers Lebens und unsrer Güter zu stärken, die größten Beyspiele und vornehmsten Aufmunterer des Unglaubens werden!

Ich meyne diejenigen, welche die Welt, vermöge eines seltsamen Mißbrauchs der Wörter, die Großen nennt — Diese sind gewiß in größrer Gefahr des Lasters und der Gottlosigkeit, als Leute vom mittlern Range im Leben — welche glücklicher weise als ein Phalanx zwischen ihnen und dem Pöbel stehen.

Und doch — Andre Betrüger opfern blos ihren geistlichen Vortheil dem zeitlichen auf — Diese überaus ansehnlichen Personen sind zugleich Betrüger und Thoren, verschwenden in gleichem Grade beydes — Wie wunderbar! — Doch die Menschen sind allezeit schlimmer gewesen, als sie nöthig hätten, wenn gleich weder von Hölle noch von Galgen die Rede wäre.

Dergleichen Gedanken und Ueberlegungen könnten sich gar wohl in eine Predigt schicken — Aber Romane werden heute zu tage stärker gelesen, als ernsthafte Reden. Ich muß mich daher des geschicktesten Mittels zu Beybringung des Unterrichts bedienen — und den Young nachahmen, der zur Fortpflanzung des Evangeliums ein Schauspiel schrieb. *)

*) Das waren die Brüder. Das Einkom-

Und mein ganzes übriges Leben hindurch werde ich Sorge tragen, daß alle meine Schriften, wo nicht Predigten, wenigstens predigtenzend **) seyn mögen.

Aber genug für jetzt von meinen Gesinnungen und Meynungen! Laßt uns nun in der Reihe der kleinen Abenteuer meines vergänglichen Lebens weiter fortfahren.

Das siebenundzwanzigste Kapitel.
Die Schwermuth.

Wie aber mein ganzer Entwurf von Leben Vergnügen ist, so erlaube ich mir auch zuweilen das schätzbare und innig empfundne Vergnügen der Schwermuth — Ich weine mit Freude — Ich gebe meine Thränen nicht mit Verdrusse und aus Nothwendigkeit, sondern, so wie meine Allmosen, mit Heiterkeit.

Wenn ich sollte vom neuen zergliedert werden, so betheure ich feyerlich, ich wollte eher die Muskeln hergeben, die zum Lachen, als, die mir zum Weinen

men davon widmete er der Gesellschaft zu Fortpflanzung des Evangeliums in fremden Ländern.

**) Si non sermones, saltim sermoni propiora.

dienen — Sympathie ist der große Magnet, das Befestigungsmittel des Lebens — Und meine Eintracht mit den Unglücklichen ist stärker, als die mit den Glücklichen. Denn Menschenfreundschaft ist meine erste Triebfeder, und Mitleiden vermehrt noch die Leidenschaft.

Ein solches Vergnügen kann ich mir machen, sobald es mir nur gefällt — Ich habe einige Freunde verloren. Ich kann die Geister aus der weiten Tiefe hervor rufen — an meine Brust schlagen, und sie darinne finden — Armer le Fevre! unglückliche Marie! meine verlorne, meine stets geliebte Elise!

Oder ich kann den Samson Agonistes lesen — Der muß entweder einen schwachen Kopf oder starke Augen haben, der die erste Rede in diesem Gedichte ohne Thränen lesen kann — besonders den Ausgang derselben, wo er den Verlust seines Gesichts beklagt. Milton schrieb das aus seinem eignen Gefühle — und seine Blindheit hat mir oft die Augen trübe gemacht.

Wenn ich aber Lust habe, mir eine völlige Ergetzung im Weinen zu verschaffen, so darf ich nur das Leben des Thomas More lesen, besonders diejenige Stelle desselben, wo seine Tochter, Frau Rope, ihm auf der Straße begegnet, als er nach seiner Verurtheilung wieder in den Tower geführt wird — Mein Vater! mein Vater!

„Eine traurige Wollust, von der ge-
„meine Seele nichts wissen!“

Der blose Titel eines schon lange verlornen Buchs: Lamentatio gloriosi regis, Eduardi de Karnarvan, quam edidit tempore suae incarcerationis, machte mich auf einen ganzen Tag niedergeschlagen — Der Gegensatz zwischen den beyden ersten Worten, und ferner zwischen dem dritten und dem letzten, rührte mich stark — Und ob es gleich eine sehr alte Geschichte war, konnte ich mich doch nicht enthalten, einige Zeit über solche Empfindungen zu haben, als ob ich eine schlimme Neuigkeit vernommen hätte.

Dergleichen Dinge aber wirken nicht auf alle und jede — Die vielen lesen blos mit den Augen, hören blos mit den Ohren — Die wenigen lesen mit ihrer ganzen Seele, horchen mit ihrem ganzen

Gefühle zu — Anschauende Erkenntniß und Fühlbarkeit sind blos die sinnlichen Werkzeuge des Genies und der Tugend.

Die allgemeine Härte des Herzens, die man unter den Menschen antrifft, könnte uns in Versuchung führen, das alte Märchen vom Deucalion zu glauben, und anzunehmen, es wären Menschen aus Steinen erzeugt worden — Oder man könnte sich einbilden, die Welt wäre seit einiger Zeit so verdorben worden, daß die heilige Person, welche die Erlösung der Menschen über sich genommen hat, für gut befunden hätte, heute zu tage nur einigen wenigen die Bewahrung ihrer eignen Seele anzuvertrauen, dagegen gütiger weise die Seelen der vielen weggenommen, und sie, damit sie nicht zu Schaden kommen möchten, bis auf den Gerichtstag sicher in limbo patrum verschlossen hätte.

Allein ich darf mir nicht lange noch oft die Wollust des Schmerzes verstatten — Meine Nerven sind schwach — Ueber meine Fröhlichkeit bin ich wohl Herr; aber meine Schwermuth kann ich nicht zurückhalten.

Das achtundzwanzigste Kapitel.

Die Fühlbarkeit.

Wenn ich ein Trauerspiel, oder rührende Stellen in der Geschichte, in Gedichten, oder selbst in Romanen, andern laut vorgelesen habe, sind mir die Augen voll Wasser geworden, und meine Stimme hat gestammelt — Nun erwartete ich gleiche Wirkung bey meinen Zuhörern — Anstatt aber, daß sie über meine Erzählung weinen sollten, habe ich oft gefunden, daß sie über meine Bewegung lachten.

Beschämt bin ich alsdenn bey seite gegangen — nicht ihretwegen, sondern meinethalben beschämt — Ich setzte vielmehr Mißtrauen auf meine Schwäche, als auf die ihrige — und aus der Eitelkeit, mir einzubilden, ich hätte sympathetisch mit Aengeln empfunden, bin ich nieder zu der demüthigenden Vorstellung gesunken, als wäre ich größrer Schwäche fähig, als andre Sterbliche — Ich habe angefangen, an der Stärke meines Verstandes zu zweifeln, und einige Zeit hindurch eifersüchtig über alle meine Worte und Handlungen gewacht.

Allein die Aufmunterung und Meynung einiger weniger höhern Geister hat mir wieder auf einige Zeit Dreistigkeit erweckt — Abermals habe ich die nämliche Erfahrung angestellt, und bin abermals zu denselben kränkenden Betrachtungen zurückgewiesen worden — Ich war darauf stets bemüht, mein Herz gegen eines andern Kummer zu verhärten — Aber vergebens!

Feine Empfindungen werden von der Welt verspottet, und von der stoischen Philosophie als eine Schwachheit lächerlich gemacht — Dadurch werden nur allzuleicht zärtliche Gemüther aus der Fassung gesetzt. Um weise zu scheinen, verbergen sie ihre Fühlbarkeit, und nehmen gezwungner weise eine Gemüthsfassung an, die über die Menschlichkeit geht, um dem Beyspiele solcher Leute zu folgen, die unter ihr sind.

Das neunundzwanzigste Kapitel.

Eine Betrachtung über mich selbst.

Wie hart ist doch mein Schicksal, daß ich bey aller der Herzhaftigkeit, der Lustigkeit, der Heiterkeit, der zärtlichen Neigung der Jugend keine Nerven habe, die mit meinen Empfindungen übereinstimmten! — Ich bedarf sie nicht zu meinem eignen Vergnügen — Blos um andrer willen möchte ich Geschäfftigkeit und Munterkeit genug haben.

Ich betrachte oft nachdenklich junge Frauenspersonen — Das ist eins von den Dingen, die man mir übel ausgelegt hat — Die Welt ist gar eine üble Auslegerin meiner Grundsätze oder meiner Gemüthsart — Ich sehne mich nicht nach ihrer Schönheit; um ihre Jugend beneide ich sie — Eben so gern blicke ich auch Mannspersonen an — und bin doch kein Knabenschänder — Ich küsse kleine Kinder, wenn sie mir auf der Straße aufstoßen — und bin doch kein Kinderräuber — Ich möchte gern, wenn ich

könnte, wie der alte Hermipp *) unter ihnen leben — nicht des Lebens — sondern der Liebe halben.

Es würde der Gotteslästerung ähnlich klingen, wenn ich sagte, was ich alles den Menschen zu liebe thun oder leiden wollte.

Das dreyßigste Kapitel.

Eine Fortsetzung des siebenundzwanzigsten.

Der aberwitzige Liebhaber.

— Oder ich kann mich auch an einige Auftritte des Aberwitzes erinnern, von denen ich — nicht mit Willen — Zeuge gewesen bin — besonders an einen cambridger Studenten, der sich unglücklicher weise in seine eigne Schwester verliebt hatte — Seine Liebe und Ver-

*) Hermipp soll dadurch zu einem hohen Alter gelangt seyn, weil er beständig mit Knaben und Mädchen spielte — und seine alte Lunge mit den balsamischen Ausflüssen ihres jungen Odems anfüllte.

zweiflung war für seine Tugend oder Vernunft zu stark geworden.

„War nicht Juno, sagte er, zugleich „die Gemahlin und Schwester Jupiters? Adam und Eve waren sicher „nähere Verwandten, als wir sind — „Wenigstens waren ihre Kinder Geschwister — und doch heiratheten sie einander — Waren nicht Ammon und „Thamar verheirathet — oder eben so „gut? Da man es nun in solchen Zeiten „für gut befunden hat, dergleichen Heirathen zu gestatten — Zwar hat sich „heute zu tage die Mode geändert — „Und wie denn? — Es wäre gottlos, „zu sagen, die Allmacht hätte sich in der „Nothwendigkeit befunden, im Anfange „die nothwendigen Gebräuche zu erlassen — Gott könnte viel eher einen „Pfarrer erschaffen haben, ehe er ein Verbrechen erlaubt haben würde — Wenn „Sarah nicht Abrahams Schwester war, „so hat er gewiß dem Abimelech eine verdammte Lügen gesagt.“

Wenn man ihm nun, zu Stillung seiner Unruhe, sagte, seine Schwester wäre todt, so schwor er, das wäre unmöglich,

weil er ja selbst noch lebte. „Wir sind „bereits ein Fleisch, sagte er, und die „Sympathie ist zwischen uns so stark, „daß ich alles weis, wenn sie hungert, „wacht, niest, oder — Vor einem hal„ben Jahre hatte sie eine Harnkrankheit, „die hätte mich beynah ums Leben ge„bracht; aber ich trank stark Eibischwur„zelthee, dadurch ward sie wieder gesund — „Sie hat des Nachts keinen ordentlichen „Schlaf; und das stört auch mich in der „Ruhe — Sie hat manchmal verliebte „Träume — Darüber bin ich böse auf „sie — Ich habe alles gethan, was bey „mir stand, habe gefastet und gebetet, um „diese Gottlosigkeit an mir zu heilen; „aber ihr Muthwille ist für mich zu stark.“

Die meisten der Anwesenden lachten sehr über alle diese ausschweifenden Dinge — Ich weinte — Als einer von der Gesellschaft meine Bewegung sah, sprach er: „Ich vermuthe, mein Herr, „daß Sie diesen armen Herrn kennen „werden“ — „Ja, sagte ich, indem „ich mich wieder faßte, besser, als er sich „selbst kennt.“

Ich gieng sogleich aus dem Zimmer — Ich spüre in meiner eignen Natur eine Fühlbarkeit, die sogar stärker war, als die seinige — Ich empfinde alle die Uebel und Schmerzen derer, die weder meine Brüder noch Schwestern sind, ausgenommen in dem Verstande der Schrift.

Die Mohammedaner tragen für die Aberwitzigen Ehrfurcht, und sprechen: „Gott hat sie gnädiger weise ihrer Sinne „beraubt, damit sie sich nicht der Sünde „schuldig machen sollen" — Ich bin ein Musulmann.

Das einunddreysigste Kapitel.

Swift.

Es ist natürlich, von einer Sache zu reden, wenn man an sie denkt. Und wahrhaftig, wenn man nicht etwa gar ohne alle Gedanken reden will, wie wäre es da möglich, es zu andrer Zeit zu thun?

Aber der Innhalt meines letzten Kapitels hat mich an Swifts Lebensbeschreibung erinnert. Es ist würdig, angemerkt zu werden, daß dieser außerordent-

liche Mann in seiner Reise nach Laputa, indem er von Leuten redet, die ihre Sinne verloren hatten, dazu setzt, „das ist ein „Auftritt, der niemals ermangelt, mich „schwermüthig zu machen."

An einem andern Orte erdichtet er eine Art Leute, die er Strulbrugs nennt, welche ihre Vernunft und jeden Genuß des Lebens überlebt hatten.

In seinem Testamente setzt er sein ganzes Vermögen zu Stiftung eines Hospitals für verrückte Leute aus. Darauf wird er selbst noch vor den Jahren des aberwitzigen Alters *) ein Strulbrug; und stirbt als der erste Bewohner seiner eignen Stiftung.

Wären diese Begebenheiten eine Sache von großer Wichtigkeit für die Welt gewesen, so würde ein Geschichtschreiber nicht ermangelt haben, eine große Auslegung über solche außerordentliche und zusammentreffende Umstände zu machen —

*) Einen solchen Auftritt des Lebens giebt es gar nicht. Senilis stultitia, quae deliratio appellari solet, senum leuium est, non omnium. Cic.

und viel von seiner prophetischen Sympathie zu schwatzen.

Der Himmel erhalte uns alle bey unserm Verstande bis auf die Letzt — und auch noch nach der Letzt — Denn ich hoffe zu Gott, daß ich niemals gottlos genug seyn werde, mir dafür, daß ich mich nicht der Sünde schuldig machen darf, den mohammedischen Aberglauben gefallen zu lassen.

Das zweyunddreysigste Kapitel.

Die Bezahlung.

Die Art, wie ich es anfieng, meine Schuld an den le Fevre abzutragen, war folgende.

Ich ward mit einem jungen Manne bekannt, der bey einem Buchhändler zu York in der Lehre gestanden hatte. Er war eben damals losgesprochen worden, war gekommen, sich zu London niederzulassen, und hatte in einem mit breiten Steinen gepflasterten Gäßchen in dem innern Theile der Stadt ein Fenster gemiethet.

Ich miethete meinem Freunde eine von den Glasscheiben ab, und klebte daran mit einer Oblate folgendes Avertissement.

„Epigrammen, Anagrammen, Para„grammen, Chronogrammen, Mono„grammen, Grabschriften, Hochzeitge„dichte, Prologen, Epilogen, Madrigale, „Zwischenspiele, Avertissemente, Briefe, „Bittschriften, Memoriale bey jederley „Gelegenheit — Versuche über jede Ma„terie — Abhandlungen für oder wider „die Minister — Predigten, über welchen „Text oder für welche Secte es auch sey — „werden hier auf billige Bedingungen ge„schrieben

von A— B— Philologus.

NB. „Man kann sich auf die größte „Ehrliebe und Verschwiegenheit „sicher verlassen.“

Das Ungewöhnliche von verschiednen hier angegebnen Titeln reizte des Publicums Neugier nicht wenig. Außer den Nachfragen nach den nützlichen Gattungen von Gelehrsamkeit, die man an mich that, zum Exempel, Avertissemente, Bittschriften und Memoriale, geschahen ihrer noch vielmehr nach den Chronogrammen,

Monogrammen, Paragrammen, u. s. w. um blos zu sehen, wie sie aussähen.

Des Abends — oder, um mich poetischer auszudrücken — wenn der Abend seinen dunkelfarbenen Rock angelegt hatte — schlich ich mich heimlich in meine Werkstatt, um die den Tag über eingegangnen Noten anzusehen, und das Aufgeld einzunehmen, von dem ich Anweisung gegeben hatte, es allezeit bey Einreichung einer Note da zu lassen.

Der Aufsatz selbst mußte bey der Auslieferung nach Maaßgabe der Beschaffenheit, Länge oder Wichtigkeit des Innhalts bezahlt werden — Sollte eine französische Stelle dazu gesetzt werden, das kostete sechs Pence — ein lateinischer Brokken, einen Schilling — und eine griechische Sentenz, dergleichen ich dann und wann aufraffte, wenn ich bey der Miß Carter eine Schaale Thee trank, ward eine halbe Krone hoch angeschlagen.

Alle unanständige Forderungen, Materien wider die Sittenlehre, Vorschläge der Simonie oder freygeisterische Anträge wurden mit Verachtung und Abscheue zurückgewiesen — Ich bekleidete kein Amt, das dem heiligen Peter zuwider war — Noten von solcher Art wurden in das Feuer geworfen; das Aufgeld aber behielt ich, zur Strafe der Bosheit.

Das Meer von Laster und Thorheit, das sich meinem Blicke während des Zeitpuncts öffnete, da ich diesen seltsamen Auftritt spielte, war mir so anstößig und ekelhaft, daß ich in dem Augenblicke, da ich die dem le Fevre schuldige Summe zusammengebracht, und den Miethzins für meine Fensterscheibe bezahlt hatte, die abscheuliche Scene beschloß — oder, um mich in dem Falle der Sache gemäßer auszudrücken — das gemeine Kloak zustopfte.

Das drey und dreyßigste Kapitel.

Das Ammenwesen.

Die Ursache, warum unsre Vorfahren vornehmen Standes wegen der Tapferkeit und Keuschheit mehr berufen waren, als wir, war diese, weil zu derselben Zeit die Mütter ihre Kinder selbst zu stillen pflegten — Sie wurden daher mit den nämlichen Säften genährt, die sie mit sich auf die Welt gebracht hatten, und gleich von ihrer frühzeitigen Kenntniß an als völlige Fremdlinge gegen Laster, Niederträchtigkeit oder Thorheit aufgezogen.

Wenn unser gegenwärtiges Geschlechtsalter von Mamas wegen des Bluts und der Säfte des Kindes gleichgültig ist, und das erhellt daraus, weil sie es durch fremde Leute stillen lassen, warum sollten sie sich um die minder schätzbaren Theile, um Fleisch und Gebeine, bekümmern? — Es sollte ihnen folglich das Kind einer andern Person so gut wie ihr eignes seyn — Sie hätten dabey noch den Vortheil der Wahl, sowohl der Schönheit als Herkunft wegen — Ich dächte, die Frauenspersonen könnten eben so gut andre für sich Kinder gebären als stillen lassen.

Würde es nicht eine gemeine Menschenliebe von allen zärtlichen Ehemännern seyn, wenn sie solche Weiber, auf die erste Besorgniß, an beyden Brüsten amazonisieren liessen, um die traurigen Folgen vom Krebse, Milchfieber und andern Krankheiten zu verhüten, denen leider alle unnatürliche, nicht selbst stillende, Mütter unterworfen sind?

Und wenn unsre Papas eben so gleichgültig bey der Sache sind — wie uns denn ihre gegenwärtige Sorglosigkeit und Einwilligung in einen so wichtigen Umstand zu argwohnen geneigt macht — könnte da nicht „die Brut eines Bettlers, „auf der Straße geboren, oder das Kind „eines schottländischen wandernden Krämers, ein zum Schuhputzen auferzogner „Bube, ein Abkömmling aus dem Zuchthause oder Hurenhause, oder eine herumschweifende Geschlechtsart, die unächten Pfänder von Zigeunern, die an „den Zäunen zur Welt gebracht wurden,“ könnte ein solches Kind nicht ein eben so schicklicher Erbe ihres Namens und Vermögens seyn, als jene traurigen, verstoßnen Abkömmlinge aus ihren eignen Lenden?

Ein Füllen von gutem Geblüte kann, wenn es von einer fremden Stutte gesäugt wird, zu einem kleinem Reitpferde gemacht werden. Ich habe selbst den Versuch damit angestellt, und will ihn hiermit anpreisen, daß man ihn zu der Experimentalphilosophie hinzusetze, welche Baco, Boyle und Derham den Liebhabern dieser Wissenschaft so geschickt vorgetragen haben.

Ich meines Orts habe große Ursache, über diese s[illegible]liche Nachlässigkeit der Aeltern miß[illegible]gt zu seyn — da ich sowohl in Ansehung meiner Leibesbeschaffenheit als meines Glücks so strenge dadurch gelitten habe — Denn ob ich wohl in meinen Grundsätzen ein sehr strenger Moralist, und, wenn ich nur etwa tausend siebenhundert und ich weis nicht wie viele Jahre abrechne, einer der ersten Christen, und zu allen Haupttugenden völlig gerüstet bin, so weis ich doch nicht, wie es zugeht, daß ich nicht zu allen Zeiten in mir jene tugendhafte Lieblosigkeit wider Frauensperſonen von vernachlässigter Keuschheit finde, als es der ächten neuern Frömmigkeit auszudrücken und auszuüben geziemt.

Diese natürliche Schwachheit nun, diese moralische Gebrechlichkeit, diese Weich-

lichkeit der Tugend in mir — man nenne es, wie man will; ich gestehe die Schwachheit, und bin nicht ekel wegen des Ausdrucks — die schreibe ich ganz philosophisch meiner milchreichen Amme zu, die zum Unglücke für mich als Magd bey dem Pfarrer des Kirchspiels diente — Sie hieß Dorothee.

Nein, nein, man g[illegible] mir. Der Einfluß gewisser Namen auf das künftige Schicksal der Kinder, von dem mein armer ängstlicher Vater so viel Aufhebens zu machen pflegte, ist kein halb so wichtiges Stück, als dieses — Man möchte mich nun Tristram, Triglyph oder Tria getauft haben, das war, aller Wahrscheinlichkeit nach, für mein künftiges Glück im Leben völlig gleichgültig — Nein, es war leider Dorotheens Milch, die meine Beförderung hinderte.

Das sollen Sie hören.

Das vierunddreyßigste Kapitel.

Ein Hinderniß der Beförderung.

Die Zärtlichkeit meiner Ausdrücke bey allen Vergehungen dieser Art, die Leutseligkeit, Mildigkeit und Verzeihung, die ich oft unglücklichen Personen dieser Gattung bey andern ausgewirkt habe, haben meinem eignen Rufe eine Nachrede zugezogen, die meinem canonischen Fortgange im Leben sehr schädlich gewesen ist.

Ein gewisser Bischoff, der es außer Christo niemandem vergönnen wollte, sich zu den Zöllnern und Sündern zu gesellen, antwortete einem meiner Freunde, der um eine Pfründe für mich anhielt, „ich kann gar nicht daran denken, den „Tristram zu befördern; nicht sowohl „wegen der Freyheit in seinen Schriften, „sondern wegen seiner freyen Lebens„art“ — „Aber Yorik, Yorik, My„lord!“ sagte mein Freund. — „O, sag„te der Bischoff, das Bäßte, wozu mir „selbst Yorik berechtigt zu seyn scheinen „würde, diesen Umstand mit seinen Wer„ken zusammengenommen, wäre die Stelle

„eines Feldpredigers bey einem Regi„mente Dragoner“.

Eine gewisse vornehme Frau, die sehr witzig spricht, als ich sie um ihre Unterzeichnung zu einer Geldsumme ersuchte, die darauf gewandt werden sollte, eine unglückliche junge Person, die man unter dem Vorwande der Heirath von Bath weggelockt, und hernach der Versorgung des gemeinen Wesens überlassen hatte, wieder zu ihren Freunden zu schicken, schlug mir ihre Beysteuer ab, und nannte mich, zur Anspielung auf meine gespenstmäßige Gestalt und meinen Priesterstand, den Beichtvater *) aller Kapellen im Kirchspiele von Coventgarden.

Solchergestalt machte die Uebermaße meiner christlichen Liebe, daß andrer ihre abnahm —

*) Hier ist ein Wortspiel im Englischen, weshalben eben dieselbe Frau witzig genannt wird, mit ghastly und ghostly father.

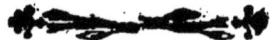

Das fünfunddreyßigste Kapitel.

Die Spröden.

Wenn ich Weibsleute zu heftig auf solche unglückliche Personen schelten höre, so bin ich geneigt, zu argwohnen, daß ihre Herzen großentheils von einer gewissen neidischen Eifersucht entflammt werden, von welcher der Poet spricht, „die Sprö„den beneiden vielmehr als verabscheuen „das Laster.“ Diese Eifersucht nun reizt sie, zur Rache wegen solcher Vergnügungen, wegen deren sie selbst vielleicht unversucht geblieben sind, die Strafen der Welt, des Fleisches und des Teufels über Personen auszusprechen, die diese verbotne Handthierung treiben.

„Die sich selbst genugsamen Sprö„den standen nicht weit davon in „Schlachtordnung aufgestellt; doch „keine eilt herbey, den Ueberwund„nen zu helfen. Sie sahen mit „Freude zu, wie die Glieder ihrer „Nachbarinnen besiegt wurden, und „in ihren Augen frohlockte verach„tende Lustigkeit — Mit Schelt-

„worten und weisen Vorwürfen
„antworteten sie denen, die über-
„mocht worden waren, und sie um
„Hülfe oder Mitleiden ansprachen.
„Wie! schrieen sie voll Wut, sie
„könnten den Mannsleuten nachge-
„ben? Immer laßt die Nichtswür-
„digen ohne Hülfe zu boden fal-
„len!" — Darauf wurden sie selbst
„angegriffen, und sämmtlich über-
„wältigt. Die kürzlich verachtete
„Schwachheit ward nur zu bald ih-
„re eigne."

Wirklich habe ich selten eine Frauensperson heftig von dieser Materie reden hören, die von einem bereits festgesetzten oder unverdächtigen Rufe gewesen wäre. Prior beschreibt diese Art von Virtuosinnen vortrefflich in seinem Paulo Purganti.

„Sie war hartherzig gegen Liebes-
„verständnisse, und lachte, wenn
„ein Koppler öffentlich herumgeführt
„ward. Aber auf eine ehrliche Art
„ließ sich die Dame u. s. w.

Deßgleichen Pope.

„Sie bezeigt sich als eine Närrin
„gegen das Vergnügen, und als
„eine Sclavin gegen den Ruf.“

Noch stärker schildert er sie an einem andern Orte.

„Eine leibhafte Heydin an ihrem
„fleischlichen Theile; aber noch im-
„mer in ihrem Herzen eine traurige,
„gute Christin.“

Wenn das, was ich gesagt habe, und diese Poeten gesungen haben, nicht die natürliche Ursache eines solchen Bezeigens ist, so möchte ich doch wissen, warum man einen so parteyischen Unterschied zwischen dem Verführer und der Verführten macht? Warum wird doch, meine Damen, Herzoginnen und Gräfinnen, die letzte — wenn sie unter einem gewissen Range ist — mit Schande gebrandmarkt — da indessen der erste, „dessen „verhärtete Stirne unerröthet, unverbleicht über Vorwürfe lacht, und sich „über Schimpf freut,“ in den Versammlungen der Schönen so günstige Aufnahme findet?

Wenn das, was ich zu verstehen gegeben habe, nicht die wahre Beschaffenheit

der Sache ist, warum sollten denn solche verhärtete Frauenspersonen, die Wilhelm Honeycomb auf beleidigende Art tugendhaft nennt, strenger gegen Geschwächte seyn, als gegen Diebe? Denn wahrhaftig, in der Sittenlehre muß es ein viel kleiners Verbrechen seyn, das hinzugeben, was mein eigen ist, als das zu nehmen, was einem andern gehört.

Ein Vergehen an Keuschheit kann wohl eine Ueberschreitung der Pflicht gegen sich selbst seyn; aber ein Mangel an christlicher Liebe verletzt die Pflicht wider den Nächsten.

Kurz, ich glaube, dergleichen keusche Frauen betrachten die Liebe als ihre eigne Waare, und sehen die Bulschwestern als Schleichhändlerinnen an, die durch ihren genommnen zu geringen Preis den Abgang der schönen Handelsfrau hindern.

Das sechsunddreyssigste Kapitel.

Die Hosennähterin.*)

Zudem so giebt es wirklich — wie ich denn hoffe, daß ich keine andern als Philosophen vor mir habe — so vielerley Arten, auf welche eine Frauensperson zu schaden kommen kann, ohne daß man ihr Laster oder Muthwillen schuld geben darf — so viele Zufälle, ungefähre, unversehene, zusammentreffende Umstände, können ihr auf ihrem Wege durch das Leben aufstoßen, daß es, wo nicht jeder Umstand ehrlicher weise bestimmt und aufrichtig abgewogen werden kann —, das muß aber der große Nutzen des Gerichtstags seyn — jedem andern, außer der Person selbst, moralisch unmöglich ist, zu entscheiden, ob die schöne Verbrecherin mehr Schimpf oder Mitleiden verdient.

Ich habe verschiedne solche zweydeutige Fälle selbst erlebt — Mit zweenen da-

*) Dieser Zweig der Schneiderey wird in England von manchen Leuten besonders getrieben.

von befinde ich für gut die Neugier meiner Leser hier zu befriedigen, damit ich meinen Satz fein durch Beyspiele erläutern mag.

Das erste sah ich an einem schönen, sittsamen, jungen Mädchen, der einzigen Tochter des Küsters bey meiner ersten Pfarre. Sie war sehr sorgfältig erzogen worden, gieng beständig mit ihrem Vater früh und abends zur Kirche, saß auf einem kleinen Sitze gerade unter dem Pulte; und da sie eine sehr wohlklingende Stimme hatte, half sie ihm gemeiniglich den Psalm anstimmen.

Niemals hatte sich, nach der Maße, als sie heran wuchs, das geringste Leichtsinnige, Vorwitzige oder Verbulte in irgendeinem Theile des Bezeigens dieses guten Mädchens geäußert. Gemeiniglich pflegt man in jedem Dorfe gewisse Leute als Muster auszuzeichnen, und andern vorzustellen. Eben so war Jungfer Anne das Muster unsers Kirchspiels — bis daß sie im Alter von siebzehn Jahren auf einmal unsichtbar wurde — und daran war, wie sichs bald hernach auswies, eine Schwangerschaft schuld.

Der Ort, wo sie sich versteckt hielt, ward einige Monate lang vor uns allen sorgfältig verschwiegen, bis daß der schöne Flüchtling zur traurigen Mutter eines Kindes geworden war. Da schrieb sie mir heimlich ein Brieschen, mit dem Ersuchen, sie des folgenden Tages in einer kleinen Hütte ungefähr fünf Meilen von unserm Orte zu sprechen. Sie bat, ich möchte allein kommen.

Meine Menschenliebe nebst einer kleinen Mischung von Weiblichkeit, nämlich Neugier, bewog mich, ihrem Verlangen genau nachzukommen — Ich gieng denn zu ihr — Sie fiel vor mir auf die Kniee, bedeckte sich das Gesichte mit der Hand, und vergoß bittre Thränen — aber nicht allein.

Nachdem ich ihrer Seele Trost zugesprochen, ihr die grosse Wirkung der Busse geprediget, und ihr Gemüthe durch das Versprechen beruhigt hatte, ich wollte eine Aussöhnung zwischen ihr und ihren unglücklichen Aeltern vermitteln, wirkte der zweyte Bewegungsgrund meiner Ankunft so stark auf mich, daß ich anfieng, sie in der Sprache eines Beichtvaters um

den Anfang, den Fortgang, und die Kunstgriffe, die sie zu ihrem Unglücke verleitet hatten, oder deren man sich wider sie bedient hatte, zu befragen.

Sie antwortete mir mit einer Offenherzigkeit und Aufrichtigkeit, die mich gänzlich von ihrer Wahrhaftigkeit überzeugte — Sie sagte mir, ihr Vergehen wäre weder aus Liebe noch aus Laster hergekommen — Sie hätte niemals in ihrem Leben einige hitzige Begierde empfunden, die sie von innen gereizt haben könnte, noch hätte sie auch ein starkes Zudringen von außen auszuhalten gehabt —

„Nein, Eu. Ehrwürden, rufte die schöne „Bußfertige aus, und holte einen tiefen „Seufzer, es war nichts von dem allem, „das man mir grausamer weise bey die„ser Gelegenheit vorrücken könnte — Es „war — Es war — Ach! meines Va„ters Handthierung allein hat meinen „Fall verursacht.“

„Wie! sagte ich, euers Vaters Hand„thierung ist an euerm Unglücke schuld „gewesen!“ — Und so verhielt sich die

Sache in der That, ohne daß ein Ungefähr dazu gekommen wäre.

Außer seinem Berufe als Küster hatte der alte Amen auch das Handwerk eines Hosenmachers getrieben, und seine Tochter seit der Zeit, da sie in die verführerischen Jahre trat, ebenfalls zu den Geheimnissen seiner Kunst angeführt. Noch wollte es das Unglück haben, daß sie auch lederne Hosen verfertigten.

Das unglückliche Mädchen — nunmehr eine Frau — versicherte mich, diese Art von Beschäfftigung hätte nach und nach verursacht, daß ihr gewisse unwillkührliche Einfälle durch den Sinn gegangen wären, die, ohne ihrer Keuschheit Abbruch zu thun, doch zuletzt unvermerkt die Reinigkeit ihrer Gedanken befleckt hätten — Sie hätte zwar alles mögliche gethan, um zu verhüten, daß nicht ihre Betrachtungen auf solche Wege geriethen, und hätte ganze Abende über Psalmen gesungen, um ihre Aufmerksamkeit auf geschicktere Gegenstände des Nachsinnens zu lenken. Aber leider vergebens! Denn indem sie sang, lagen ihr immer die Hosen im Sinne.

Dieses unglückliche Bild drängte sich der armen Jungfer Cülotte beständig auf — Wenn sie sich schlafen legte, bildete sie sich ein, sie sähe sie ausgezogen, und unter das Kopfküssen gesteckt — und wenn sie aufstand, war es, als wenn man sie vor ihren Augen unter dem Kopfküssen hervorlangte und anzöge.

Die Geläufigkeit solcher Vorstellungen hatte zwar ihre Tugend nicht im geringsten wankead gemacht — und das glaube ich — aber doch beynah ebendieselbe Wirkung nach sich gezogen, indem sie in so weit ihre Sittsamkeit überwältigte, daß sie hinderte, daß sie gehöriger maßen dadurch beunruhigt, daüber unwillig ward, und sich dagegen setzte, und daß ihr diese Empfindungen nicht schleunig genug zu Hülfe kamen, als der junge Edelmann des Dorfs, für den sie eben ein Paar niedliche lederne Hosen fertig gemacht hatte, einmal bey ihr des Abends in der Dämmerung einsprach, da eben die übrigen aus dem Hause wegen einer Leiche im Kirchspiele abwesend waren.

Das arme Mädchen! Ein Glück wäre es für sie gewesen, wenn die Mannspersonen niemals Hosen getragen håten, oder sie wenigstens so getragen håtten, wie die Chiriguaner, der Erzählung nach, die ihrigen, nämlich — so wie Gecken ihre Hüte — unter dem Arme. Wir haben noch nicht Nachricht erhalten, wie die Frauenspersonen dort zu Lande ihre Röcke tragen mögen; wir können jedoch vermuthen, daß unter diesem Volke sowohl, als unter den übrigen der Erde, Höflichkeit gegen Höflichkeit wird gesetzt werden — Man glaubt, die Welt würde bald untergehen, wenn nicht dieser Wechsel von Höflichkeiten thäte.

Das siebenunddreysigste Kapitel.

Der Accoucheur.

Mein zweytes Beyspiel wird ganz kurz seyn — Dieselbe Person war die Tochter eines Accoucheurs — und alles, was von dem vorigen Falle gesagt worden ist, läßt sich eben so gut auf diesen anwenden.

Ihr Vater ward oft des Nachts durch eine Stimme des Innhalts: Iuno Lu-

cina fer opem! aus dem Schlafe gerissen — Dadurch ward sie denn ebenfalls aus der Ruhe gestört — Sie lag oft in ihrem Bette, dehnte sich, gähnte, und besprach sich mit sich selbst, was das wohl für Dinge und Sachen seyn müßten, die allen solchen Lärm veranlaßten —

Nun hatte sie aber große Lust zu philosophieren — Sie kam über ihres Vaters Bücher — las zuweilen mehr, als sie verstand — verstand jedoch oft auch mehr, als für sie gut war — Freylich wurde sie dadurch weiser — Aber ach! wie theuer haben wir seit der Zeit das erste Beyspiel weiblicher Weisheit bezahlen müssen! Man sagt, es wäre in eben dieser Wissenschafft gewesen, daß die erste Neugier ausgeübt ward — Bisweilen werden auch die klugen berückt.

Kurz nach ihrem Falle sagte mir eines Tages ihr Vater, sie hätte sich gegen ihn vernehmen lassen, ohne unter der Gewalt oder dem Einflusse einer unordentlichen Leidenschaft oder eines Hanges der Natur zu stehen, würde sie doch so sehr durch

Neugier beherrscht, daß sie es zu allen Zeiten darauf wagen wollte, nach sich schießen zu lassen, wenn sie nur dafür unter die Freymäurer aufgenommen würde.

O philosophia! Dux vitae! — Ein verdammter Betrug! — Aber, mein Herr, steht denn nicht auch in ebenderselben Philosophie der Lehrsatz, daß der Action die Reaction gleich gilt — und das noch dazu in entgegengesetzter Richtung? Und balgt sich nicht stets die natürliche Philosophie mit der moralischen mit Fäusten herum? — Unter dergleichen Kämpfen also erlag die schöne Accoucheurstochter.

Aber diejenige Philosophie vor allen andern, welche besonders diese Jungfer in das Netze zog, war die platonische — Was wird nicht darinne für ein schönes Lehrgebäude ausgekramt! Zwey innbrünstige getreue Herzen zu sehen, die einander gegenseitig anziehen, deren Systole und Diastole, Ebbe und Flut, die nämliche ist, die das ganze Leben hindurch, vermöge eines angenehmen Zwangs, einander immer näher und näher rücken,

gleich den Assymptoten einer Hyperbel; ohne iemals zusammenzutreffen, und in den Punct der Berührung zu kommen!

Wie beneidenswerth und wahrhaftig seraphisch ist ein solcher Zustand! Wie ähnlich dem Himmel selbst, wo sie, wie uns gesagt wird, weder freyen noch sich freyen lassen! Wie sehr ist es schade, daß er kein wirklicher ist, und daß denen, welche auf dieser bezauberten Insel, gleich als befänden sie sich auf festem Lande, ausruhen wollen, in kurzem die Füsse ausgleiten!

Ebenderselbe Zufall — dieselbe Zusammentreffung — ist ein verwünschter Umstand — O ihr Hosenmacher, und ihr Accoucheurs und Hebammen, ich sage euch, schicket eure Kinder unter euerm Dache weg — Es ist leider eine zu gefährliche Pflanzschule zur Erziehung für junge Frauenzimmer.

Doch genug von solchen Materien! — Ich kann es nicht lange aushalten, mich bey schwermüthigen Geschichten zu verweilen.

Das achtunddreyßigste Kapitel.

Ursprung des Tristram Shandy.

Da ich eben itzt diese Handschrift wieder durchblättere, finde ich, daß ich einmal von einem Vorhaben geredet habe, dereinst meine eignen Denkwürdigkeiten zu schreiben.

Wirklich setzte ich mich schon ehedem zu dieser Arbeit mit allem nur möglichen ernsthaften und blödsinnigen Eifer nieder — Aber das brutum fulmen oder der Irrwisch der Einbildungskraft glänzte mir auf einmal in die Augen, und machte, daß ich über Zäune und Gräben ausriß, und ganzer neun Bände hindurch Dornsträucher, Sümpfe und Triebsand durchstrich, ehe ich es versuchte, mich in das Leben einzuführen — Wirklich gieng ein großer Theil des Werks darauf, ehe ich nur einmal sagte, daß ich geboren wäre — Ach! ich kannte die Welt zu gut, als daß ich mich hätte übereilen sollen, hinein zu kommen.

Das Seltsame und Neue der ersten Bände nahm den eigensinnigen Geschmack

des Publicums ein — Man lobte und schimpfte, tadelte und vertheidigte mich manche Seite herunter — Doch da der Leser mehr waren, als der Richter, hatte die Ausgabe noch ganz guten Abgang — Das munterte mich denn auf — Ich fuhr immer noch in meinem unbedeutenden Geschwätze fort, und sang zu Ende jedes Kapitels diese Zeile aus dem Midas meinen mit Eselsohren gezierten Zuhörern vor:

„Wie sie da rund um die Kletterstan-
„ge her tanzen!“

Nur parodierte ich den Text, und setzte anstatt des braunen Aile bloses Halbbier.

Am meisten aber belustigte mich, zu finden, daß eine Anzahl meiner scharfsichtigsten Leser sich einen tief angelegten Entwurf vorstellte, der unter diesen Ausschweifungen verborgen wäre, die, wie sie sich einbildeten und behaupteten, sich gegen das Ende des Werks entwickeln würden.

Ja, einige, die witziger in Räthseln waren, als die übrigen, haben sich angemaßt, im Stande zu seyn, meinen Leitfaden durch jeden Band auszufinden, ohne den Zusammenhang ein einziges mal aus den Augen zu verlieren — Ein artiger Geist der Schwärmerey! — Mit welchem Verstande und Nutzen müssen nicht solche Leute die Offenbarung lesen! — Ein Millennium muß für sie gewiß ein recht verständliches Ding seyn.

Ich muß jedoch so bescheiden seyn, einzuräumen, daß jenen Bänden hier und da einige treffende Stellen eingestreut waren — In sterquilino margaritam reperit — Es ist darinne manche Schwachheit lächerlich gemacht, und viele Mildigkeit und Menschenliebe angepriesen — Man schlendert zuweilen auf das Feld oder die Landstraße, blos in der Absicht, Luft zu schöpfen, oder sich eine Bewegung zu machen — indem stößt uns ein Gegenstand der Bedrängniß auf, und lockt unser Mitleiden und unsre Wohlthätigkeit hervor.

Auf diese sorglose Art schweifte ich blos in Müßiggange und Kurzweile meine Seiten herunter — bis ein Vorfall der Menschlichkeit mich bey der Brust ergriff, und bey seite stieß — Hierinne liegt meine einzige Stärke — Was wir

am stärksten empfinden, können wir am bäßten ausdrücken — Und über solche Materien muß derjenige eines zweyfachen Nachdrucks fähig seyn, der, indem er die Sache andrer führt, zugleich sich selbst Erleichterung verschafft.

Das neununddreysigste Kapitel.

Der weibliche Confucius.

— — — — —
— — — — —
— — — — —
— — — — —

Ich war eben damals unbaß, und saß des Morgens zu hause an meinem Kamiene, als ich ein sehr höfliches Kartenblatt von unbekannter weiblicher Hand erhielt, darinne mir gemeldet wurde, da Madam N. durch die reiche Ader von Menschenliebe gerührt worden wäre, die, wie es ihr beliebte zu sagen, wie Milch und Honig durch alle meine Schriften flösse, so würde sie sehr verbunden und geschmeichelt werden, wenn ich ihr Gelegenheit verschaffte, sich persönlich mit dem Verfasser bekannt zu machen, indem ich ihr die Gefälligkeit erzeigte, auf den Nachmittag eine Schale Thee bey ihr zu trinken.

Ich war zu schwach, als daß ich das Ausgehen hätte wagen dürfen — Ich gab ihr davon Nachricht, versicherte sie, daß ich mich eben so stark nach dem Vergnügen der Bekanntschaft mit einer Person sehnte, deren Herz und Gemüthe gegen solche Neigungen sympathetisch zu seyn schiene, wegen deren sie so gütig wäre mir glückzuwünschen, und bat sie um die Ehre, mich bey dieser Veranlassung ohne Umstände den nämlichen Nachmittag zu besuchen.

Sie ließ sich herab, meine Einladung anzunehmen, und kam — So lange ich die Stube hütete, besuchte sie mich alle Tage — Diese Güte erwiederte ich sehr genau, sobald ich im Stande war, auszugehen.

Sie war eine Person von Verstande und Tugend — nicht lebhaft, aber im Besitze jener angenehmen Art von stets sich gleicher Heiterkeit, die natürlicher weise aus der Güte herfließt — Mens conscia recti — Sie war zurückhaltend, und pflegte, gleich einem Gespenste, selten zu reden, bis daß man sie anredete. Sie hatte, gleich der Laute, alle die leidende Kraft der Musik in sich; es fehlte ihr aber an der Hand des Tonkünstlers, um sie daraus hervorzulocken.

Sie hatte England noch sehr jung verlassen — noch ehe ihre zarten Neigungen durch Streit mit der Welt waren verhärtet worden — Man hatte sie nach Indien geführt, wo sie so lange blieb, bis diese Gesinnungen zu Grundsätzen reiften, und mit aller der erhabnen Schwärmerey morgenländischer Sittenlehre begeistert wurden.

Sie schien unglücklich zu seyn — Das setzte zu meiner Hochachtung für sie noch Zärtlichkeit — Ich muthmaßte ihre geheime Geschichte, fragte aber nicht darnach; und sie sagte ebenfalls nichts — Sie wollte zwar sich betrüben, aber nicht rachgierig seyn — Sie hatte keine Galle, die in ihr hätte kochen können. Alle ihre Säfte waren sanft und zart.

Von der Zeit an unterhielten wir einen fortgesetzten Umgang von der feinern Art, so lange sie im Königreiche blieb, und einen freundschaftlichen Briefwechsel, nachdem wir uns getrennt hatten — um niemals mehr — in dieser Welt — zusammenzukommen! — Doch ich falle hier ins Weißagen! — Es traf sich, daß auch sie eines andern Mannes Frau war.

Allein die Menschenliebe, die uns zusammengebracht, und die Tugend, die uns vereinigt hatte, vermochte uns nicht vor niedriger Gemüther Tadel zu verwahren. Weder ihr eigner unbescholtner Ruf noch das momento mori meines gespenstmäßigen Ansehens konnten der Verläumdung gnugsam abwehren.

Die Unwahrscheinlichkeit einer boshaften Erzählung dient nur, ihr zu stärkerm Umlaufe zu verhelfen — denn dadurch wird das Aergerniß vermehrt — In solchen Fällen ist die Welt, gleich den papistischen Priestern, geschäfftig, einen Glauben an Dinge fortzupflanzen, die sie selbst nicht im mindesten für wahr hält; oder sie macht es wie der fromme Augustin, der da sagt, er glaubte gewisse Dinge darum, weil sie ungereimt und unmöglich wären.

Das vierzigste Kapitel.

Fortsetzung des achtunddreyßigsten.

Das Abcbuch.

Ich verfolgte denn meine Praleren neun Bände hindurch, auf saubers Schreibpappyr gedruckt *) — hatte jedoch zuletzt Ursache, wahrzunehmen, daß das Wunder von neun Tagen schon lange den Samen zum Gähnen ausgestreut hatte. Die Neuheit ward schaal, und die Seltsamkeit begonnte ihr Sonderbares zu verlieren. Ich muß gestehen, ich war das schon geraume Zeit vorher inne geworden — Wer aber einmal angefangen hat, bergab zu laufen, der kann sich nicht wohl in der Eile aufhalten, bis daß er ganz hinunter ist.

Alsdenn befand ich für gut, mit Herumtummeln meines Steckenpferdes aufzuhören, von demselben abzusitzen, und mein dem Publicum gethanes Versprechen auf aufrichtigere und systematischere Art

*) Will man wissen, wie dieselbe Art Pappyr in England heißt, auf die Yoriks Schriften gedruckt sind? — Narrenkappenpappyr.

zu halten — Bey dieser Gelegenheit fieng ich an, diese meine Anmerkungen ganz im Groben aufzusetzen — konnte aber niemals seitdem Zeit finden, sie auszufeilen. Es durchkreuzten so viele andre Materien und Entwürfe meine Einbildungskraft, und brachten mein Vorhaben in das Stecken, daß ich mich bey keiner Sache lange genug verweilen konnte, um einen Band daraus zu machen, oder meine Schuldigkeit als Autor zu thun

Einer von meinen Lieblingsanschlägen war, ein kleines Buch zu schreiben, unter dem Titel: das Abcbuch — zum Nutzen und Gebrauche des erwachsnen hohen und niedrigen Adels, wie auch andrer Personen — worinne sie bey allen gewöhnlichen Angelegenheiten des Lebens angewiesen werden, wie sie zu reden und zu handeln haben. *)

Ich weis kein Buch, dessen man gegenwärtig so schändlich bedürftig wäre, als eine Sammlung von Vorschriften dieser Art. Zwar giebt es, das gestehe ich, bey einigen Personen, die mir vor-

*) Man lese hier noch einmal die Zuschrift.

gekommen sind, ein gewisses angebornes Edle der Natur, das ihnen einflößt, wie sie mit einem Geiste und einer Tugend denken, reden und handeln sollen, die in grosser Masse die Erziehung unnöthig macht. Dergleichen Beyspiele sind jedoch selten — Man kann sie moralische Kometen nennen.

Die mehrern sind mit einer Art von ursprünglicher Niedrigkeit in ihren Gemüthern geboren, die jede Handlung, jeden Begriff in das Selbst auflöst — und welcher der längste Stammbaum in der Wappenkunst, der Besitz des größten Vermögens, ohne Beystand einer akademischen Erziehung nicht gnugsam das Gleichgewichte halten können.

Der gröste Theil der schön gekräuselten Lieblinge unsrer Nation schüttelt, tandem custode remoto, eine Last von seinen Schultern, wenn sie aus der Sclaverey der hohen Schule loskommen — denn das ist ihr Verstand, oder vielmehr Unverstand, von der Sache — Alsdenn sind sie geneigt, den Cicero von den Pflichten zusammen nebst dem Burgersdicius unter die pädantischen Schulmänner zu setzen, und erlangen gerade so viel Christenthum, das sie über alle heydnische Sittenlehre — oder über die schimmernden Sünden der heydnischen Welt, wie unsre Rechtgläubigkeit sie gezwungner weise nennt, erhebt. Alsdenn fangen sie an, ihre eignen Gefühle als den sichersten Weg zu urtheilen, und die Gebräuche der Welt als ihre einzige Vorschrift zu handeln, zu betrachten.

Daher läßt man viele unedle Vorstellungen in Schwang kommen, und übt viele unrühmliche Thaten aus — Daher kommen unter den Großen die Roßtäuscher zu Newmarket, die Trödler auf der Börse, und Casuisten für zünftige Städte — Daher arten große Rechtsgelehrten in Zungendrescher aus, und aus Priestern im Chorhemde werden blos Eintreiber der Zehnten.

Es war demnach der Endzweck meiner Vorschriften, das verum atque decens der Sitten, die Wahrheit und Schönheit der menschlichen Handlungen darzuthun — welche entweder auszuüben, oder verstellter weise anzunehmen, wenigstens Leuten von einem gewissen Range im Leben obliegt. Alsdenn würden sie unterrichtet werden, daß weder ihre eignen Empfindungen noch die Gebräuche der Welt hinlängliches Ansehen hätten, um Laster, Niederträchtigkeit oder Unanständigkeit zu unterstützen — Aber dadurch würde man sie wieder in die Schule führen — Ja nun! Welchen es an Herzen fehlt, die mögen auswendig lernen! *)

So sehr auch Fürsten und so genannte Edle in Versuchung kommen mögen, sich in ihren eignen Sauställen herum zu wälzen, so würden sie doch alsdenn vielleicht nicht das Herz haben, ihre Huren dem öffentlichen Anblicke darzustellen — Auch Minister könnten dadurch belehrt werden, daß sie die Metapher unrecht verstanden hätten, wenn sie das Steuerruder gehen ließen, um die Zügel zu ergreifen.

Die Marqvisin von Tavistock würde alsdenn nicht so vielen Matronen auf den ersten Sitzen am Hofe zum Schimpfe gelebt haben, und zum Vorwurfe gestorben seyn. Du hast, unbefleckteste ephe-

*) Es ist mit apprendre par coeur gespielt.

fische Hinterlaßne, dich mit deinem todten Gemahle dem Grabe gewidmet! Jene würden ihre lebenden aufopfern — Et faciles nymphae risere — So groß ist der Hang zur Gefälligkeit bey unsern neuern Gesetzen, daß man heute zu tage durch die Ehescheidung, so wie durch Zerschneidung eines Polypen, neue Glieder aus jedem abgetrennten Theile entstehen läßt.

Ich bin kein solcher Träumer, daß ich erwarten sollte, daß irgendetwas von dieser Art die Leute troß des ganzen Verlaufs der neuern Erziehung tugendhaft machen werde — Et quae fuerunt vitia, mores sunt — Ich denke aber, ich könnte möglicher weise unsre erwachsenen hohen und niedrigen Edelleute wie auch andre Personen in so weit beschämen, daß sie wenigstens ihre Laster verstellen oder verbergen würden — und dadurch ist vielleicht in der Sittenlehre nicht wenig gewonnen.

Est quadam prodire tenus — si non datur vltra.

Das ist zwar Heucheley, sich zu stellen oder anzumaßen, als hätte man mehr

Tugend, als man hat — aber nicht alle Laster, deren man wirklich schuldig ist, dem Anblicke ausstellen, das ist gewiß ein Verdienst — wenigstens gegen das Publicum.

„Dereinst wird an euch die Verstellung
„etwas Tugendhaftes seyn.“

Ein reicher Rechtsgelehrter könnte vielleicht noch immer in Versuchung gerathen, ein Gut um seinen halben Werth an sich zu kaufen, weil der Verkäufer in Bedrängniß ist, um sich aus dem Kerker loszuhelfen — Aber nach Durchlesung meines kleinen Buchs würde er niemals sich dieser That rühmen — Meine Ohren würden alsdenn nicht so oft beleidigt und geärgert werden, als itzt täglich häufig geschieht.

Ein Unzüchtiger könnte noch immer ein einfältiges Mädchen betrügen, oder die unschuldige Schönheit von einem dürftigen Verwandten erkaufen; aber er würde keinen bey einem solchen Liebeshandel zum Vertrauten machen — Er würde nicht das Schlachtopfer in Dürftigkeit und Schande hinaus stoßen, und nicht das Herz haben, seine Niederträchtigkeit vor der Welt auszurufen. Meine Feindschaft, mein Abscheu, mein Unwille, sammt allem dem Gefolge unlustiger, liebloser und ungesunder Regungen, würden alsdenn nicht meinen armen geschwächten Leib erschüttern.

Das einundvierzigste Kapitel.

Die natürliche Darstellung.

Ein andrer Einfall von mir war, anzuordnen, daß schöne Kinder, männlichen und weiblichen Geschlechts, die sich durch gute Bildung, Symmetrie und athletischen Bau ausnehmen, zur Schau ausgestellt würden. Dem zu folge dachte ich auf eine neue und weitläuftige Ausgabe der Callipädia, oder der Kunst, schöne Kinder zu zeugen, mit meinen eignen Anmerkungen versehen, und mit vielen philosophischen Winken erweitert, die mir vorgekommen waren, indem mir dieser annehmliche Gedanke im Sinne lag.

Man hat viele Schulen zur Darstellung der Künste und Wissenschaften geöffnet; aber noch keine — o Schan-

de! — für die Natur und ihre Originalwerke. Der, welcher von dem göttlichen Angesichte des Menschen eine Copie nimmt, erhält Belohnung und Beyfall. Der aber, der das Meisterstück oder Urbild des nachgeahmten Werks vorstellt, hat nichts als seine Mühe zum Lohne — oder wird, wenn es aufs höchste kömmt, gleich der Tugend, auf seine eigne Belohnung verwiesen.

Es würde dadurch das gute alte moralische und politische Werk der Fortpflanzung Aufmunterung erhalten — Es würde dadurch etwas dem nützlichen römischen Gesetze, dem ius trium liberorum, Aenliches wieder aufkommen — und eine Hinderniß der ohn Unterschied vorgenommen Begattungen seyn, die auf Unfruchtbarkeit hinaus kommen — Unzüchtige Lebensart ist ein Ungeheuer. Sie erzeugt niemals.

Ich kann mir keine andre Ursache vorstellen, warum ein solcher Entwurf noch nicht ein Gegenstand königlicher Stiftung geworden ist, als diese, daß seine gegenwärtige Majestät mit Grunde gedacht hat, seine eigne Familie würde auf die größten Vortheile derselben, sowohl an Vortrefflichkeit als Anzahl, am bäßten berechtigt seyn.

Ich habe mich zuweilen in einer meiner philosophischen Stunden mit der Voraussetzung belustigt, daß ein wohlgebildetes junges Paar nach einem solchen Entwurfe den Anfang seiner Bekanntschaft machte. Ich will nicht der Freyheit der Einbildungskraft hierüber nachhängen — wiewohl ich versichert bin, daß dem Urheber der Schönheit, Uebereinstimmung und Ordnung eine Untersuchung derselben nicht mißfallen kann.

Kann wohl der Ursprung der Natur darüber eifersüchtig werden, wenn wir die innersten Gänge ihrer Geheimnisse erforschen? Die Philosophie, wenn sie so dächte, würde Gottlosigkeit werden.

Noch viele andre Entwürfe dieser Art, deren Erzählung hinlänglich wäre, loquacem delassare *Fabium*, und deren Ausführung das Alter eines Aerzvaters erfordern würde — ohne noch tausend andre Einfälle zu rechnen, die gleich unter dem Denken erstarben — haben sich meiner geschäfftigen Einbildungskraft selbst mitten unter Schmerz, Kummer und Krankheit vorgestellt — ich bin aber niemals im Stande gewesen, sie länger als Minuten hindurch zu verfolgen.

Denn mein Gemüthe ist stets ein Bild des unverständlichen Geschwätzes der Schulen in Ansehung der Materie gewesen, welcher von ihnen ein conatus ad motum und zugleich eine vis inertiae oder vollkommne Beruhigung ad requiem zugeschrieben wird — Sehen Sie einmal, was für eine schöne Sache es um diese Gelehrsamkeit ist.

Das zweyundvierzigste Kapitel.

Der jüngste Tag.

Ich finde mich in diesem Augenblicke unwiderstehlich getrieben, einen besondern Anschlag von mir zu erwähnen — weil er von einer absonderlichen Beschaffenheit ist. Es war der, eine historische und philosophische Nachricht und Beschreibung von allen den verschiednen grossen Zeitpuncten der Welt zu liefern, von ihrer Erschaffung an bis zu ihrer Verbrennung — vom Anfange der Zeit an, da Gott sprach: Es werde Licht! und es ward Licht, bis auf das Ende derselben, da er sprechen wird: es werde Feuer! und es wird Feuer werden.

Zwischen der gegenwärtigen Zeit und der endlichen Verzehrung aller Dinge ist nur noch ein einziger merkwürdiger Vorfall zu erwarten — die Versammlung aller Völker, so daß alle eines Glaubens werden — da denn Türken, Juden, Ungläubige und Ketzer — Papisten, Presbyterianer, Jansenisten, Methodisten, mährische Brüder, Qvietisten, Ariarker, Hugonotten, Socinianer, Anabaptisten, Muggletonier, Swaddler und Qväker — giebt es ihrer wohl noch mehr? — allerseits gute Protestanten der durch das Gesetze eingeführten englischen Kirche werden werden.

Ich sage, das könnte zwar auf den ersten Blick als eine Schwierigkeit aussehen — Betrachte ich aber die Anstalten, die bereits in Kirche und Staate gemacht sind, um es so weit zu bringen, so stelle ich mir vor, der verständige Leser wird mit mir der Meynung seyn, daß

nur eine gehörige Kenntniß der Staatskunst und Gottesgelahrheit dazu gehört, um im Stande zu seyn, die Zeit und Art vorher zu sagen, wenn und wie diese große Gährung bewirkt werden muß.

Ich eröffnete vor einigen Jahren hierüber meine Meynung in einem Privatschreiben seiner gegenwärtigen preußischen Majestät, Friedrichen dem zweyten — Nunmehr aber, da ich daran denke, was meynen Sie wohl das aus diesem Schreiben geworden ist? Es ward dem hiesigen preußischen Gesandten übergeben, daß er es seinem Herrn zustellen sollte; und seitdem hat man nichts weiter von der Sache gehört.

Um zu schließen —

Wie das erste in der Absicht gemeiniglich das letzte in der Ausführung ist, so habe ich auch in diesem Werke dem gemäß verfahren, und nach Art der Hebräer rückwärts geschrieben. Hier haben Sie das letzte Kapitel zuerst.

Das letzte Kapitel der Epochen.

Innhalt:

Der jüngste Tag.

„Die Säulen des Firmaments sind „Fäulniß, und der Erde Grund ist auf „Stoppeln gebaut.“

Milton.

Nacht, Erebus und Chaos erneuerten nun wieder ihre Herrschaft — Die ganze Natur gerieth in Verzuckungen — Das Panterthier, der Löwe und Leopard flohen erschrocken aus ihren Hölen, und wurden, durch Furcht bezähmt, des Menschen Freunde — Die Welt ward zur Arche. Feindselige Thiere vergaßen ihren gewohnten Streit, und suchten jedes bey des andern Trotze ein Bündniß — Der heulende Wolf blöckte nun wie das Schaaf — Der Falke*, Geyer und Adler bekamen Taubenlebern, und es fehlte ihnen an Galle — Die Raubvögel standen von ihrem Raube ab, und zitterten für sich selbst — Der Schorch, Delphin und Leviathan kamen aus der kochenden Tiefe hervor, und suchten das brennende Ufer — Die Elemente selbst wurden beym Schiffbruche der Natur verwandelt — Die Ströme trockneten ein, und ihre brennenden Betten füllte flüssiges Gold aus — Die Wolken wurden in Feuer verwandelt, und schossen ihre Meteoren durch den erstaunten Himmel — Die Luft war Flamme, und athmen konnte man gar nicht mehr — Das Firmament ward niedergeschmolzen, und ließ seinen Schwefel über die unten zu Boden liegende Erdkugel herab regnen — Der Erde Gründe erschütterten bis auf den Mittelpunct — Sogar die Liebe war stumm — und die Tugend selbst blieb kaum unerblaßt.

FINIS
MUNDI.

Das dreyundvierzigste Kapitel.

Ich selbst.

Und hier kann es vielleicht, da ich einmal Verlangen bekommen habe, mich zu beschreiben, Sie belustigen — oder doch mich selbst — und das macht nach meiner gegenwärtigen Denkungsart keinen großen Unterschied — wenn ich Ihnen den Abriß und die Seltsamkeiten des Herrn Tria Juncta In Uno entwerfe — Dazu will ich denn dieses ganze Kapitel widmen.

Das erste und vornehmste Kennzeichen meiner Indoles — nicht Indolenz — denn es ist eben so geschäfftig als hitzig — ist die Menschenliebe. Das ist die Ingredienz sine qua non meiner Zusammensetzung. Sie ist meine Gottheit, in welcher ich lebe, webe und bin.

Die Bewegung meiner Neigungen gegen die Menschen erfolgt in gegenseitigem Verhältnisse zwischen Himmel und Erde. Ich stelle mich als das Mittelste hin — und liebe andre mit derjenigen Wärme und Nachsicht, von der ich haben wollte daß mein Schöpfer sie gegen mich offenbaren möchte — ich vergebe ihre Irrthümer, entschuldige ihre Schwachheiten, und wünsche beydes ihr zeitliches und ewiges Heil — Amen.

Diese Denkungsart ist das erste, was mit mir aufwacht, und das letzte, was von mir läßt, wenn ich von meinen Sin-

nen Abschied nehme — Ich habe mir oft vorgestellt, als wäre ich ein regierender Fürst, und ganze Tage damit zugebracht, meine Hofstatt und alle die andern Aemter und Bedienungen meines Königreichs einzurichten.

Ja, ich will wirklich gestehen, daß ich mich an einem Morgen ganz altklug niedersetzte, einen Bogen Pappyr nahm, darauf die Namen aller meiner Freunde und Bekannten zu Besetzung der Aemter verzeichnete, ihnen nach Maaßgabe ihrer Verdienste und Fähigkeiten ihre verschiednen Fächer anwies, und stets, wie es denn einem Könige nicht anders geziemt, höhere Talente und Tugend meinen geliebtesten Freunden vorzog.

Sagen Sie mir, war das nicht ein Auftritt, der sich gut in das Tollhaus geschickt hätte? Würde nicht eine solche Handschrift, wenn man sie unter meinen Sachen gefunden hätte, für eine Abschrift dessen gehalten worden seyn, was in den dasigen Zellen mit Kohle an die Wände geschrieben ist? Ja, ich bekenne, daß ich mich einmal wegen solcher Träumereyen und Ausschweifungen, als diese sind, eine ziemliche Zeit meines Lebens hindurch im Ernste für verrückt gehalten habe — bis daß ich glücklicher weise ausfindig machte, daß mein Argwohn vornehmlich daher entstand, weil ich während dieser traurigen Zwischenzeit mit einer Anzahl laulichter Narren Gesellschaft gemacht hatte.

Zu andern Zeiten aber wollte ich durchaus kein König seyn. Ich verbrannte mein Verzeichniß, und rufte aus: nolo coronāri — Dieser Stand stillte noch nicht einmal genug meinen Durst nach Macht und Herrschaft — Er erstreckte sich blos auf die zeitliche Wohlfahrt der Menschen, und war auf die ärmliche Anzahl derselben eingeschränkt, die innerhalb der engen Gränzen meines eignen Reichs begriffen war — auch konnte ich deßhalben keine längere Sicherheit haben, als während meines Lebens.

Ich gebe dem Socrates den Vorzug vor einem Solon, und wollte lieber der moralischen als politischen Regierung der Menschen vorstehen — Das ist der einzige wahre Ehrgeiz, sich dasjenige Fach im Leben anzumaßen, das sich gleich stark auf alle Völker, alle Zeitalter erstreckt, und hinein bis in die Ewigkeit selbst reicht.

Ich bin vielleicht einer der größten Philosophen, die Sie in der Welt kennen — Leute von Verstande bewundern, und Thoren beneiden diesen meinen vermeynten Vorzug an Talenten —. Sie glauben, ich müßte mir ihn durch Gewalt des Fleises, der Arbeit und Entschließung, in Verbindung mit den natürlichen Vortheilen einer reichlichen Fähigkeit und Stärke des Gemüths, erworben haben.

Ich wollte jedoch nicht, daß sie das dächten — Erstlich darum nicht, weil es nicht wahr ist — Hernach könnte eine dergleichen Vorstellung andre abschrecken, es jemals zu versuchen, zu einer so glücklichen, aber leichten, Vortrefflichkeit des Charakters zu gelangen — Ich muß sie doch aus dem Irrthume bringen —

Ich war wie andre Menschen, bis ungefähr in das Alter von zweyundzwanzig Jahren — Ich empfand Schmerz, Krankheit, fehlgeschlagne Erwartung und Bedrängniß eben so natürlich, als Hitze und Kälte, Hunger und Durst — Stets aber hatte ich einen Hang zum Nachsinnen — Eines Morgens nun warf ich mich in meinem Bette herum und hinum, indem eben damals mein Gemüthe unter dem Drucke eines oder mehrerer von den oben angezeigten Uebeln arbeitete, und betrachtete die unendliche Ueberlegenheit der heydnischen Philosophie über alle dergleichen Prüfungen.

Ich beneidete und bewunderte diese glückliche Art, sich selbst in seiner Gewalt zu haben. Den Augenblick faßte ich mir ein Herz, schnippte mit den Fingern, und rufte aus; gut, ich will selbst ein Philosoph werden' — Alsbald stand ich auf — damit ich nicht wieder einschlafen, und es vergessen möchte — Ich zog die Hosen eines Philosophen an — vielleicht damals eines heydnischen — und so ward ich ein Philosoph auf Lebenszeit — und ich bin auch ein Maler —

Dieses, meine Herren, war, Sie können versichert seyn, der einzige Unterricht oder Gradus, den ich iemals in jener wahrhaftig edeln Wissenschaft der Ver-

theidigung erhielt — und ich fand, daß das völlig hinreichte —

Mehr die Schwierigkeiten, die wir bey Versuchen dieser Art und bey dem Streite mit allen unsern Leidenschaften fürchten, als die wir wirklich finden, sind das Hinderniß, warum Philosophie und Tugend im Leben nicht öfter erreicht werden.

Was macht wohl den Unterschied zwischen einer keuschen und einer schwachen Frauensperson? Die eine hat gekämpft, die andre nicht — Zwischen einem Tapfern und einem Feigen? Der eine hat gekämpft, der andre nicht — Zwischen einem ehrlichen Manne und einem Betrüger? Der eine hat gekämpft, der andre nicht.

Ich bin gemeiniglich heiter — besonders aber auf merkwürdigere Art lebhaft unter Schmerz, Krankheit oder Unglück — wofern das Unglück ganz allein mich trifft — als zu jeder andrer Zeit meines Lebens. Der Krankenbesuch hört auf, eine von der Schrift vorgeschriebne Pflicht zu seyn, wenn er bey mir geschieht — Die Leute drängen sich um mein Bette, nicht meine Leiden zu beweinen, sondern dabey lustig zu seyn — zu hören, wie ich auf der Folter witzig rede, und mein Metall im Schmelztiegel läutere.

Ein Freund von mir glaubte einmal, ich würde unter dem strengen Anfalle einer von Galle erregten Kolik ausbleiben — und gewiß würde ich in denselben Augenblicke zerplatzt seyn, wenn ich nicht, zum größten Glücke, von drey Aerzten zugleich aufgegeben worden — folglich mit fernern Arzneyen verschont geblieben wäre. Dieser Freund nun bezeigte sich sehr geärgert durch die unanständige Lustigkeit, wie er es nannte, mit der ich itzt aus der Welt gehen wollte — Ich antwortete ihm ungefähr in folgenden Worten.

„Die faulen oder trägen Christen un„terhalten gar zu gern eine gefährliche „Meynung von der Wirksamkeit der Buße „auf dem Todbette — Ich bin niemals „so unsinnig gewesen, mich auf sie zu ver„lassen — Als Socrates vor seinem Ver„höre gefragt ward, warum er sich nicht „auf seine Verantwortung vorbereitete, „gab er die edelmüthige Antwort:" habe „ich doch mein ganzes Leben über nichts „anders gethan!"

„Wer das große Werk seines Heils „bis auf seine letzten Augenblicke ver„schiebt, hat seine Zeit verschwendet, bis „die Nacht kömmt, in der niemand „wirken kann. Eine attritio *) auf dem „Todbette — und was kann sie mehr „seyn, wenn sie bis so weit verspart „wird? — läßt sich mit des Vanini „letztem Ausrufe vergleichen — der sein „ganzes Leben hindurch ein Atheist ge„wesen war, und nur zuletzt Gott in den „Flammen anrufte.

„Wird uns denn ein Schlagfluß der „Seligkeit berauben? Wo nicht, was „kann uns denn anders als die Furcht „bey unserm Ende so verzagt machen? — „Das Leben selbst ist ein Scherz — Der „Tod muß also gewiß das Bäste davon „seyn — Das längste Leben ist so kurz „als eine Sinnschrift; und unser Ende „ist blos derselben Schlußgedanke."

Mein vernünftiger Freund gieng in einen Winkel meiner Schlafkammer, und that da ein Stoßgebet.

*) *Attritio* die Reue aus Furcht vor der Strafe; contritio die Reue aus Kummer über die Sünde.

Das vierundvierzigste Kapitel.

Ein kurzes Kapitel.

Was das letzte für ein Kapitel war! Ich werde kein Ende finden, wo ich mir wieder angewöhne, dergleichen lange Kapitel zu schreiben — Allein wenn von dem Selbst die Rede ist, so kann man selten fertig werden — Das ist die einzige Materie, über die ich jemals in Versuchung gerathen bin mich auszubreiten, oder, mit andern Worten, langweilig zu werden.

Denn überhaupt riechen meine Schriften nicht sehr nach der Lampe — die meisten scheinen vielmehr geschrieben zu seyn, als ich genug natürliches Licht hatte — oder wohl gar im Vollmonde — Können wohl die kritischen Musterer selbst etwas ärgers von mir sagen?

Das fünfundvierzigste Kapitel.

Ein noch kürzers.

Doch selbst solche kurze Kapitel kommen mir noch zu lang vor — Ich will nicht hoffen, Ihnen — wenn auch gleich jedes von ihnen blos eine Hauptmaterie enthält. Ich bin demnach gesonnen, sie hiermit alle zu beschließen, und durch den ganzen zweyten Band nichts als Sentenzen zu schreiben.

Ich bin nicht so eitel, zu glauben, daß meine Sprichwörter so gut seyn werden, als Salomons seine — auch nicht einmal, als des Sancho Pansa seine — aber das will ich wagen zu behaupten, daß sie, in Betrachtung der Zahl, sie alle aus dem Felde schlagen werden.

Ende des ersten Theils des Koran.

Nachschrift an den Buchdrucker.

Mein Herr, schicken Sie doch einmal Ihren Teufel mit meinem Empfehle an die Herren des Ministeriums, und lassen sie versichern, es wäre keineswegs zur Verkleinerung des goldnen Zeitalters der gegenwärtigen Staatsverwaltung, sondern blos durch die zufällige Veranlassung meiner Materie geschehen, daß die Kapitel dieses Buchs gerade die Zahl fünfundvierzig vollmachen.

Der Herausgeber.

Der Koran,

Zweyter Theil,

---

oder

Versuche, Empfindungen, Abschilderungen und Callimachieen,

durch

Herrn Tria juncta in uno,

M. K. K.

Nescio quid meditans.

Hor.

Der Verfasser an den Leser.

Ob einige von den folgenden Gedanken oder Anmerkungen andern vor mir eingefallen sind, oder nicht, das will ich mir nicht anmaßen zu sagen. Denn da sie mir von freyen Stücken in den Sinn kamen, schrieb ich sie nieder, ohne mir iemals die Mühe zu geben, nach ihrem Ursprunge oder ihrer Abstammung zu forschen.

Und in Wahrheit, eine Arbeit von dieser Art würde unermeßlich und ungewiß gewesen seyn — Denn bey allem dem ist es einer Person, die viel liest, und nicht wenig nachdenkt, unmöglich, daß sie bey aller Gelegenheit im Stande seyn sollte, zu entscheiden, ob ein Gedanke ihr oder einem andern gehört — Ja, ich muß sagen, daß ich verschiedne male, zu Unterstützung meiner Meynungen ist Ge-

sprächen, Aussprüche aus meinen eignen Schriften angeführt habe, und doch immer der Meynung war, ich unterstützte sie durch ein gültigers Zeugniß.

Ich meines Orts behaupte, daß es für mich ein sehr schmeichelhaftes Vergnügen seyn würde, zu finden, daß man sie alle auf fremde Rechnung setzte — Denn da ich mich in meinem Gewissen von aller Verschuldung des Ausschreibens rein weis, so würde diese Zusammentreffung von Gesinnungen und Meynungen einen sehr guten Beweis von ihrer Richtigkeit abgeben — so wie zwo übereinstimmende Uhren sehr wahrscheinlich die richtige Zeit anzeigen — denn die Stufen des Irrthums sind so zahlreich und mannichfaltig, hingegen der Punct der Wahrheit ist simplex duntaxat et vnum, daß es ein großes Ungefähr seyn würde, wenn zwey unregelmäßig handelnde Wesen gerade die nämliche falsche Maaßregel ergriffen.

Daß es aber nichts neues unter der Sonne giebt, hat schon Salomo vor einigen Jahren gesagt; und es ist unmöglich, sich vor bereits geschehenen Uebeln vorzusehen — Ich weis also sicher, daß ich Ursache habe, mit dem Donat beym Hieronymus auszurufen:

Pereant, qui, ante nos, *nostra* dixerunt! *)

Denn ich habe beständig ohn angewandte Mühe, ohne Bücher und Beyspiele geschrieben; und habe mich doch häufig beschuldigen lassen müssen, ich hätte den Wink aus dem Rabelais geborgt, jenen aus dem Montagne, einen andern aus dem Martinus Scriblerus, u. s. w. ohne daß ich jemals den ersten gelesen, oder an ein Wort aus den letzten gedacht habe.

*) Eben so beschwert sich Schwift über die verdammten Vorausnehmer, die Alten; imgleichen ein französischer Dichter, Pasquier:

— Di male perdant
Antiquos, *mea* qui *praeripuere* mihi!

Alles demnach, was wir heute zu tage von Schriftstellern sagen können, die noch so sehr Originale sind, ist dieses; nicht, daß sie etwas neues sagten, sondern nur, daß sie im Stande sind, die und die Dinge selbst zu sagen, wenn sie nicht bereits gesagt worden wären.

Wie aber Monarchen das Recht haben, sich die Münze in ihrem Reiche einliefern zu lassen, und deren Werth durch ihr eignes Gepräge zu erhöhen, so giebt es auch gewisse vorzügliche, über die Ausschreiber erhabne, Geister — von denen man, wegen ihrer Verbässerung eines Gedanken, nicht sagen kann, daß sie ihn entwenden, sondern nur, daß sie ihn borgen, und die gelehrte Welt wieder mit Wucher bezahlen. Es läßt sich viel eigentlicher sagen, daß sie eine Meynung an Kindes statt annehmen, wenn sie sie als Erbin ihres eignen Rufs hinterlassen, als daß sie Kinderräuber wären.

Ich mache nicht Anspruch darauf, mich unter solche mit Vorrechten begabte Köpfe zu zählen — Ich borge niemals, damit ich nicht etwa außer Stande seyn möchte, zu bezahlen — sondern habe die obige Anmerkung blos zu dem Ende gemacht, die Aufrichtigkeit meiner Kritik in allen dergleichen Fällen zu zeigen.

Es wird hier vielleicht nöthig seyn, ein neues Wort zu erklären, dessen ich mich zum Titel dieses zweyten Theils bediene. Das Wort Callimachieen habe ich vom Callimachus genommen, einem griechischen Dichter, von dem gesagt wird, er habe über achthundert schöne Gedichte geschrieben, die alle nicht mehr als ungefähr fünfhundert Seiten einnehmen.

Diese Eigenschaft seiner Werke gefiel mir — Ich bin den Autorn gram, von denen es heißt, scriptus et in tergo —

und habe mir daher die Freyheit genommen, alle zusammengedrängte oder spruchreiche Schriften nach ihm Callimachieen zu benennen. Diese Erklärung des Worts anzugeben, befand ich darum für rathsam, damit nicht die kritischen Musterer es von dem französischen Gallimatias ableiten möchten —

Ich bin ein grosser Freund dieser Art von Schriften — Man muthet in der That dem Publicum zu viel zu, wenn man ihm beständig neue Blätter von alten Sachen vorlegt — Und so oft mein Buchhändler, der im Ganzen kauft — dergleichen Werke aber verdienen, sich darunter zu befinden — von mir eine Vermehrung meiner Blätter verlangt, fange ich es gemeiniglich so an, daß ich dem Leser eine neue Materie liefere — oder gar keine — welches eben so gut ist, weil es in gleichem Grabe zum Zeitvertreibe dient, eine aufzusuchen.

Aber in der That, wollte der Herausgeber dieser frey geschriebnen Bogen — ich meyne nicht, unbescheidnen — meinem Rathe folgen, so würde er sie ganz und gar nicht drucken lassen — sondern heimlich an einen von den witzlosen Schriftstellern dieser Zeit verkaufen, die eine gewisse Gabe erlangt haben, beydes in Versen und Prose zu schreiben, und das ohne Materie, Einbildungs- oder Erfindungskraft.

„Ohne daß ein einziger Gedanke das „Lied unterbricht.“

Alsdenn würde ihnen vielleicht diese Sammlung nützlich seyn, ihre Werke zu verschönern, und sie im Ganzen bässer loszuschlagen.

Fahre wohl, Nachbar! —

Callimachieen.

1.

Es kann vielleicht jemand keine Gunst verdienen; denn die ist blos ein menschlicher Anspruch; niemals aber kann er der Liebe unwerth seyn; denn die ist der Befehl Gottes.

2. Wenn im Sophocles Jocasta zu dem lycischen Apoll betet, spricht sie, sie wäre darum in seinen Tempel gekommen, weil er der nächste gewesen wäre. Das war nun freylich ein schlechtes Compliment, das sie seiner Gottheit machte — Gleichwohl ist es das nämliche, das die Leute insgemein der Religion machen, wenn sie bey der Lehre und dem Glauben bleiben, darinne sie erzogen sind, blos um sich die Mühe des weitern Aufsuchens zu ersparen.

3. Inueni portum — spes et fortuna valete —

Sat me lusistis — *ludite* nunc alios —

Es steckt hier in dem Worte ludite eine üble Sittenlehre — Ich hätte lieber gesagt, parcite — Derselbe Schriftsteller verdiente es nicht, daß er den Hafen fand.

4. In der Schreibart und Manier der Briefe des Plinius findet sich viel Steifes — Das war aber durchgängig sein Geschmack. Denn er bekennt sich für einen Bewundrer des in menschliche und thierische Gestalten geschnittnen Immergrüns — Ich dächte deßhalben, Orrery hätte sich besser zu seinem Uebersetzer geschickt, als Melmoth.

5. Politische und natürliche Verbindungen sind ganz verschiedne Dinge — Alle Blutsverwandtschaften betrachte ich blos als politische — Liebe und Freundschaft machen die einzigen natürlichen Verbindungen aus.

6. Es giebt gar kein solches Ding, als eine unparteyische Vorstellung — Ein Spiegel, sollte man denken, wäre von diesem Satze eine Ausnahme; und doch bekommen wir darinne niemals unsre Gesichter richtig zu sehen. Er liefert uns nichts als Uebersetzungen davon. Der Spiegel kehrt sogar unsre Gesichtszüge um, und stellt uns die linke Hand an

statt der rechten vor — Ein Sinnbild aller Urtheile von andern!

7. Ich setze ein häusliches Leben dem öffentlichen vor — Denn ich liebe meine Freunde; und liebe also nur wenige.

8. Die Einschränkung der Einheit der Zeit im Drama zwingt oft den Dichter, der Natur Gewalt zu thun, um blos dem Ansehen der Wahrheit ein Compliment zu machen — Denn er muß Handlungen in drey Stunden zusammendrängen, deren Bewirkung in dem gewöhnlichen Laufe der Natur eben so viele Tage, vielleicht gar Jahre, erfordern würde.

Ein Schauspiel ist blos ein aufgeführter Roman, über dem man ungefähr drey Stunden liest. In der Geschichte sollte es nicht innerhalb einer gesetzten Zeit eingeschränkt werden; wenn es gleich bey der Vorstellung nicht über die gewöhnliche hinaus gehen darf.

9. Ungeduld ist die vornehmste Ursache unsrer meisten Unordnungen und Ausschweifungen. Ich würde manchmal eine Gvinee darum gegeben haben, um bey einem gewissen Balle, in einer Gesellschaft zu seyn, und wurde gleichwohl

daran gehindert. Nachdem sie aber vorbey war, würde ich nicht einen Schilling darum gegeben haben, um darinne gewesen zu seyn.

Ich würde manchmal eine Krone darum geben, um Wildpret zu haben — Nachdem ich mich aber in Rindfleische oder Schöpsfleische satt gegessen habe, gäbe ich nicht einen Pfennig darum, daß es Wildpret gewesen seyn möchte.

Denket oft an diese Betrachtung, ihr Unbesonnenen und Ausschweifenden!

10. Es giebt eine gewisse Marter, von der zum Glücke die alten Tyrannen nichts wußten — einen Menschen zu tode reden. Marc Aurel giebt den Rath, man soll großen Schwätzern nur geschwind Recht geben — vermuthlich in der Hoffnung, daß sie alsdenn ihren Satz nicht weiter verfechten werden.

Grabschrift auf den unbeklagten Tod einer geschwätzigen alten Jungfer. Von mir selbst verfaßt.

„Hier ruht der Leib der Jungfer M.
„B., dreyundvierzig Jahre alt, die
„am 10. August 1764 den Mund
„schloß.“

11. Ein tragischer Schriftsteller kann die Geister aus der großen Tiefe hervor locken, und Todte auferwecken.

12. Guthrie macht in seinem Versuche über das Trauerspiel einen Unterschied zwischen Poeten und Genies. Er muß blose Reimschmiede und Poetasters gemeynt haben; denn das gebe ich nicht zu, daß jemand ein Poet seyn könne, der nicht Genie hat.

13. Man wünscht sich oft im Frühlinge und Herbste kein Feuer, und denkt nicht einmal daran. Gleichwohl weis ich nicht, wie es kömmt, wenn man von ungefähr bey einem vorbey geht, ist die Empfindung so angenehm, daß wir uns geneigt fühlen, ihr nachzuhängen.

Das ist der nämliche Fall mit der Versuchung; und die Sittenlehre ist: bleib vom Feuer weg!

„Die sich in die Sünde hinein wagen,
„haben ihr schon halb Beyfall gege-
„ben."

Das ist die Meynung eines Poeten. Ich kann mich jedoch nicht auf seinen ganzen Vers besinnen — Daran liegt aber auch nichts. Diejenige Sentenz muß wahrhaftig armselig seyn, die ihr Verdienst dem Syllbenmaaße verdankt — Gewichte, nicht Maaß, ist das gehörige Muster der wahren Aechtheit.

14. Die Gewohnheit erhält zu leicht Bestärkung, indem sie zur zweyten Natur wird — Das sollte man blos in gleichgültigen Dingen zulassen. Denn in andern macht der Gebrauch blos den Mißbrauch gemein, und die Gewohnheit tadelhafter.

15. Verständige sehen oft eine Crisis vorher, und richten sich nach der Gelegenheit — Kurzsichtige Leute richten sich nach nichts, bis daß aus der Gelegenheit Nothwendigkeit wird — Alsdenn aber ist es oft zu späte.

16. Manche Leute halten es schon für genug, gute Christen zu seyn, wenn sie gleich nicht gute Menschen sind — Dem zu folge verbringen sie ihr Leben mit Huren, Trinken, Betrügen — und Beten.

17. Manche Leute gehen ganz nüchtern und gewissenhaft durch das Leben, ohne zu wissen, warum, und ohne darüber nachzudenken — sondern blos durch

die Stärke der Gewohnheit wandern sie nach dem Himmel wie die Narren.

18. Maschienenmäßige Christen machen sich ihren Kirchstul zur Expeditionsstube, um darinne Geschäffte abzuthun.

19. Mit übeln Gesinnungen zum Gebete gehen, ist eben so viel, als wollte man einem großen Herrn beym Aufstehen seine Aufwartung unangekleidet machen —

Es giebt vielerley solchen Witz in manchen bewunderten Schriften, wo das Gleichniß die Vergleichung nicht aushält.

20. Die Religion war zu abstract, ehe der Erlöser auf die Welt kam — Aber die Bekleidung der Gottheit mit Materie hat uns einen sinnlichen Gegenstand zur Anbetung dargestellt — und das war unumgänglich nöthig, um die Andacht der mehrern rege zu machen — Denn eine philosophische Religion ist blos eine Religion — für einen Philosophen.

21. Marc Aurel spricht, er hätte vom Apollon gelernt, nicht ungeduldig zu werden, wenn seine vorgestellten Gründe nicht begriffen würden —

Mich deucht, außer dem philosophischen giebt es auch noch einen andern Grund, hiervon — Man sollte vielmehr über den Vorzug an Wissenschaft oder Verstande frohlocken; und das sollte uns eher zum Mitleiden, als Unwillen, geneigt machen.

22. Leute, die beständig für ihre Gesundheit Sorge tragen, sind wie die Geizhälse, welche einen Schatz aufhäufen, den sie doch nicht zu geniessen das Herz haben.

23. Wenn ich sehe, daß oft rechtschaffne Leute hinsterben, da indessen nichtswürdige am Leben gelassen werden, so empfinde ich lebhaft den Nachdruck jenes Schriftorts: Der Herr will nicht den Tod des Sünders.

24. Das Nagen der Kunstrichter macht, wie das von den Maden im Käse, eine Schrift einigen widerwärtig, andern beliebt. Quaere.

25. Die Menschen ermüden sich mit Aufsuchung der Ruhe. Die Antwort Callisthens an Alexandern läßt sich hierauf anwenden — Wer ist Callisthen oder —? Das thut nichts zur Sache — Wiewohl vielleicht einige gelehrte Dummköpfe grosses Aufheben darüber machen würden.

26. Es ist eine gottlose Entweihung des Abendmahls, es dem Ehebrecher, dem Unterdrücker, oder auch zur blosen Probe zu reichen, um dadurch Leute zu einem weltlichen Amte tüchtig zu machen — Blos die sollten dabey zugelassen werden, die sich auf die künftige Welt anschikken — nicht, die es blos wegen der gegenwärtigen nehmen.

27. Ehrentitel sind wie das Gepräge auf Münzen — Dem Golde und Silber setzt es keinen Werth zu; aber es macht wohl, daß Kupfer Umlauf erhält.

28. Es giebt im Leben gar kein solches Ding als wahre Glückseligkeit. Die richtigste Erklärung, die man iemals davon gegeben hat, war die: eine gelaßne Beruhigung unter einer angenehmen Verblendung — Ich habe iedoch vergessen, wo ich sie gefunden habe.

29. Ich habe viele Leute gekannt, deren weniger, mit ihnen geborner, Verstand schon lange vor ihrem Tode aufgegangen war — Da sie aber einmal in Geschäfften oder einer mechanischen Lebensart erzogen worden sind — wie, zum Exempel, die Armee oder die Kir-

che — so gehen sie darinne noch immer fort, wie Kinder in einem Gängelwagen, ohne daß sie selbst Argwohn auf sich setzten, oder andre es entdeckten.

Wenn man einem wälschen Hahne, indem er einmal im Laufe ist, den Kopf abhaut, wird er weiter laufen, und noch verschiedne Schritte seinen stolzen Gang fortsetzen, ehe er niederfällt.

Nun habe ich verschiedne Leute gekannt, die mit ganz gutem Ansehen durch das Leben durchkamen, und doch eben so wenig Gehirne hatten, als ein wälscher Hahn ohne Kopf.

30. Es war ein geschickter Ausspruch Epicurs: Stultus semper incipit vivere.

31. Swifts Liebeslied nach dem neuern Geschmacke, das sich so anfängt:

„Breite flatternd dein purpurnes Gefieder,
„Sanfter Cupid, über mein Herz.
„Ich bin ein Sclav in deinem Gebiete —
„Die Natur muß der Kunst weichen.“

ist nicht um ein Haar übertrieben, gegen das schön gegebne Gewäsche unsrer lyrischen Poeten und Sonnettensänger.

Ich sah einmal diesen Morgen in meiner Tochter Notenbuch, und fand da verschiedne berühmte Lieder, die mit großem Beyfalle zu Ranelagh und Vauxhall abgesungen werden, die seitdem gesetzt sind, da sich jene zur Warnung geschriebne Ode schon auf der Welt befand — deren Verfasser gleichwohl nicht die Furcht vor Swiften vor Augen gehabt — und zu gänzlicher Verachtung unsers obersten Herrn, des gekrönten Hofpoeten, vorsätzlich solche und dergleichen Mordthaten begangen haben.

Der eine Liebhaber bietet offenbar den Gesetzen Trotz, und fängt also an:

„Habt ihr nicht die Sonne gesehen,
„Wenn sie unter die Hügel hinunter gesunken ist?
„So habt ihr meine schöne Molly gesehen, u. s. w."

welches, wenn man es auslegt, gerade so viel heißt: „gesetzt, ihr habt niemals die „Sonne gesehen, nachdem sie unsichtbar „geworden war, so will ich alsdenn zugeben, daß ihr meine schöne Molly gesehen haben könnet — welche die Sonne — aus dem Gesichte treibt."

Ein andrer bezauberter Poet, zu erhaben für kriechenden Unsinn, schwingt seine Liebe auf einmal bis zum Laster auf — Denn indem er einen Vers mit diesem Satze beschließt:

„Freundschaft mit Frauenzimmern ist
„eine Schwester der Liebe,"

so hat er ebendamit auf der Stelle eine poetische Blutschande begangen.

Dasjenige Genie aber, das mir am meisten gefiel, und doch auch mich in Verlegenheit setzte, war der Verfasser folgender Strophe.

„Hier, nimm dein Glas!
„So schönen Rath gab mir
„Das nordliche Mädchen.
„Ich nahm mein Glas,
„Und ward in der That
„In angenehme Verwundrung gesetzt."

Hier sind nun zwo in gleichem Grade wichtige Fragen aufzulösen: was für ein Glas? und was für eine Verwunderung? Das Geheimniß der letztern erklärt er uns jedoch im folgenden Verse — Die Ursache davon war des Mädchens Schönheit — Wir müssen also annehmen, daß er sie damals zum ersten male sah, weil

ihm der Anblick solche Verwunderung erregte — Gut; aber warum wunderte er sich nicht lieber vorher, ehe er das Glas ergriffen hatte, als hernach? — Das führt uns denn auf die erste Frage zurück, was das für ein Glas gewesen ist.

Hier sind nun die Ausleger gar sehr verschiedner Meynung — Die eine Secte sagt, es wäre ein Vergrösserungsglas gewesen, das die Maaße jener Reizungen, die vorher dem unbewehrten Auge gar nicht merkwürdig vorgekommen waren, auf verwundernswürdige Art erweitert hätte.

Eine andre Meynung, der ich, wie ich gestehe, geneigter bin, weil sie mir orthodoxer vorkömmt, ist diese, es wäre ein Weinglas gewesen — Das nordliche Mädchen, die ein wenig fror, hätte unsern Poeten aufgefordert, mit ihr um die Wette zu trinken — und hätte ihm denn so zugesetzt, daß er zu dem Grade von Berauschung kam, darinne man den Leuten nachsagt, sie sähen doppelt — Solchergestalt ward das Weinglas zum vervielfältigenden Glase, wodurch die

Zahl ihrer Reizungen bis zu einer so angenehmen Verwunderung vermehrt ward, von welcher der Liebhaber hingerissen zu seyn schien.

Und was, meiner Meynung nach, diese Auflösung der Schwierigkeit um so viel natürlicher macht, ist dieses, daß die Philosophie angemerkt hat, ie mehr die Menschen vom Weine erhitzt würden, desto stärker würde ihre Neigung zu der Handlung der Vervielfältigung.

32. Zed führt sein Leben in einer Art von Schlangenlinie, und erreicht seine Endzwecke durch seitwärts gerichteten Lauf; so wie ein Schiff bey widrigem Winde seine Fahrt thut — durch Wendungen.

33. — Varium et mutabile semper
Foemina —

Virg.

Man hat diese Beywörter für gleichgeltend ausgegeben — Ich dächte es nicht — Der erste Ausdruck geht auf das Temperament, der zweyte auf die Neigungen.

34. Betrachtungen über die Kürze und Eitelkeit des menschlichen Lebens.

Ich sehe niemals einen Menschen seinen Hut aufsteifen, so denke ich an meinen armen Vater, der lange gestorben ist, und bin geneigt, auszurufen, wie es einem Philosophen gebührt: was bedeutet es, seinen Hut aufsteifen?

35. Ich habe nur einen einzigen gekannt, der mit Sicherheit und Erfolge zwischen Mann und Frau in das Mittel getreten ist — Einmal bey einem häuslichen Pro und Contra, das zwischen beyden Theilen bis zu Schlägen stieg, war ein Freund von mir dabey. Der stieß den Mann mit der rechten Hand, und schrie: „sey ruhig, dummes Thier!" und zugleich mit der linken die Frau, und sagte: „halten Sie ihr Maul, Zankeisen!" — Darauf wiederholte er seine moralischen Ermahnungen und freundschaftlichen Stöße unter folgenden Worten: „still, du Ungeheuer! — hören Sie „auf, unbändige Frau! — Die Hände „weg, feiger Kerl! — Zurück, Frau „Amazone!" — Ueber diese außerordentliche und unpartheyische Verwaltung des Schiedsrichteramts befiel beyde zugleich eine Anwandlung von Schaam und Ge-

lächter. Sie gaben alsbald einander die Hände, und wurden auf ihr ganzes übriges Leben gute Freunde.

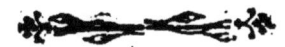

36. Die Poeten sollten fein auf ihre alten Tage Philosophen werden, wie Pope — Alsdenn wird man gar leicht frostig, wenn man sein Feuer ausgeschwitzt hat.

37. Ein gewisser Mann drückte sich einmal sehr glücklich aus, indem er seine epicurische Lebensart entschuldigte, und sagte, er hätte unglücklicher weise eine üble Fertigkeit wohl zu leben *) an sich genommen.

38. Je mehr Loose ihr in einer Lotterie habt, desto mehr könnet ihr verlieren — Eben so ist es mit den Tugenden in der Lotterie des Lebens.

39. Tot homines, tot sententiae — Wenn das ist, so kann es nicht für Parteylichkeit oder Vorurtheil gehalten werden, wenn man seine Meynung andrer ihrer vorzieht — Kann man nur einer Person in der Welt gefallen, warum sollte man nicht lieber sich selbst den Vorzug geben?

*) Die üble Fertigkeit des Wohllebens.

So viel zum Spiele der Einbildungskraft — Ich aber würde lieber einem andern den Vorzug geben — Man kann sich unmöglich vorstellen, ohne es empfunden zu haben, welches vorzügliche Vergnügen das ist, einen andern mehr als sich selbst lieben.

40. Die Advocaten sind den Richtern, was die Apotheker den Aerzten sind — nur daß sie nicht nach Scrupeln wiegen.

41. Schriften abfassen, worinne Witz oder Genie herrscht, das ist bey gegenwärtigen Zeiten so viel, als den Blinden ein Licht anstecken — Sie erlangen dadurch blos einen Schimmer, bekommen aber nichts zu sehen.

42. Die Erklärung von Gott ist die: sein Verstand bedarf keine Vernunftschlüsse — Ihm sind weder Sätze, noch Prämissen, noch Schlußfolgerungen nöthig — Er ist ganz anschauend — Er sieht in gleichem Grade, was jedes Ding ist, oder was ihm zu seyn möglich ist — Alle Wahrheiten sind für ihn nur ein Begriff — Aller Raum ist für ihn nur ein Punct, und die Ewigkeit selbst blos ein Augenblick.

Das ist ein wahrhaftig philosophischer Begriff von Gott, der sich auf ihn allein in einem ganz besondern Verstande schickt — daß jedes weniger als unermeßliche Wesen durch dergleichen Vorzüge elend werden würde — Vernunftschlüsse, Erforschung, Fortgang der Wissenschaft, Hoffnung, Erfüllung, Mannichfaltigkeit, Gesellschaft, u. s. w. würden für dasselbe nicht statt finden.

Die einzigen Vergnügungen eines solchen Wesens, wenn es nicht Gott wäre, müßten thierische seyn, blos auf die Sinnlichkeit eingeschränkt — In diesem Zustande müßten die Halbgötter gewesen seyn, wenn es jemals welche gegeben hätte — die sich in Stiere und Schwanen verwandelnden Jupiters, die sich wie die Sauen herumwälzenden Bacchi, die Plutos nach Art der V = lt = m = = e, u. s. w.

43. Ein artiger Kerl — Das Wort artig (clever) ist ein Beywort, an dem es allen gelehrten Sprachen fehlt *) — Es findet sich in ihnen kein Ausdruck,

*) Auch im Deutschen hat es sich nur unbestimmt ausdrücken lassen.

der die vielbegreifende Vorstellung dieses Beyworts bezeichnete.

Können wir nicht daraus schließen, daß der Character, den man hier im Sinne hat, sowohl als der Ausdruck, diesen Königreichen eigen ist? — Und wirklich kann man blos in einem Lande der Freyheit vollkommen artig seyn.

44. Wie anstößig ist für die Menschlichkeit der Anblick des Gemäldes der Religion, mit Aberglauben beschmiert, der Gerechtigkeit, mit Blutgier überschüttet, und der Liebe, mit Geilheit befleckt!

45. Ein Baum soll nach seiner Frucht beurtheilt werden, nicht nach seinen Blühten — Quaere —

46. Es ward kürzlich ein Buch von dem künftigen Leben der Thiere herausgegeben. Das gab denn den Gottesgelehrten großen Anstoß. Ich kann nicht absehen, warum — Das einzige, was ich daran auszusetzen fand, war das, daß es schlecht geschrieben war.

Giebt es denn blos einen solchen Theil von Seligkeit in dem Geschenke der Fürsehung, daß die Pfarrer nöthig hätten, über die Theilnehmung daran eifersüchtig zu seyn? — Wenn man annimmt, daß die geringern Thiere in der Schöpfung mit Seelen begabt sind, so setzt man ja damit voraus, daß unsre eignen außer allen Streit sind.

Es giebt gewiß einen merkwürdigen Unterschied in den Sitten aller häuslichen Thiere, selbst derer von gleicher Gattung. Von den Thieren der Wüsten wollen wir annehmen, daß sie auf gleiche Art lasterhaft sind. Wir wollen auch annehmen, daß sie die Teufel der Thiere in dem vierfüssigen Tartarus seyn werden.

47. O nauis! referent te etc.

Die Vergleichung eines Staats mit einem Schiffe ist eine der richtigsten Anspielungen in der Staatskunst, die man nur ersinnen kann — Stärker aber schickt sich dieses Gleichniß auf Großbritannien, als auf jeden andern Staat von der Welt. Es hat darauf ein doppeltes Recht, beydes als Insel und als die stärkste Seemacht an Kriegsrüstung und Handelschaft.

Wenn ich demnach höre, daß wir einen Krieg auf festem Lande anfangen wollen, so ist mir, als sähe ich die ehrlichen

Bootsleute ihre Schiffe durch die londner Straßen schleppen, und um Brod betteln, wie die Schiffer auf der Themse zur Zeit eines Frosts thun; oder als sähe ich sie von der Seeküste an durch Flandern in Schlachtordnung aufgestellt, damit man sich ihrer zu Sturmleitern und Sturmböcken wider die Mauern von Fontenoy, Ghent oder Bruges bedienen könne.

48. Ich hatte einmal einen Gönner, der seine gütigen Absichten gegen mich der Welt bekannt zu machen pflegte, und sich solchergestalt in voraus bezahlt machte, ohne auf eine Erwiederung der Dankbarkeit zu warten.

Ein edles Gemüthe läßt sich mit dem lateinischen Dativ vergleichen, vor dem kein Artickel vorher geht, und der seinen Fall nicht erklärt, bis er an das Ende ist.

Man hat bey uns ein Sprichwort, für ein todtes Pferd arbeiten. Das war auch hier der Fall — Denn da er sich bereits selbst bezahlt gemacht hatte, gieng das Werk nur langsam von statten — und soll noch geendigt werden.

49. Ich bin ein solcher Feind der unfreundlichen Gemüthsart, daß ich eher meiner Frau Ehebruch als mürrisches Wesen vergeben wollte — Ich kann keine wohlschmeckenden Küsse von ihren Lippen nehmen, wenn ich eine Runzel auf ihrer Stirne sehe.

50. Die Niederträchtigkeit ist mir so verächtlich und abscheulich, daß ich eher einen Menschen, der Todtschlag begangen hätte, zu meinem Freunde annehmen wollte, als einen solchen, der sich in irgendeinem Falle jenes Lasters schuldig machte.

Unter Niederträchtigkeit begreife ich Unredlichkeit — unter Unredlichkeit Undankbarkeit — unter Undankbarkeit Freygeisterey — und unter der letzten alle Arten menschlicher Laster und Thorheiten.

51. Es giebt verschiedne schlafbringende Mittel — Wenn man an rieselnde Bäche oder winkende Wälder denkt — Wenn man Ziffern rechnet — Wenn ein über eine küpferne Pfanne aufgehangner nasser Schwamm Tropfen herunter fallen läßt — Mäßigkeit aber und Leibesübung helfen viel bässer, als alle diese Mittel.

52. Lebe, um zu lernen; und lerne, um zu leben —

53. Ich habe von dem Verstande und der Tugend der Frauenspersonen eine höhere Meynung — und habe sie stets gehabt — als insgemein Mannspersonen oder Frauensleute selbst haben.

54. Der Tod ist uns nur in so fern fürchterlich, als er eine Veränderung des Zustandes ist — So laßt uns denn so leben, daß wir ihn blos zur Fortdauer desselben machen, nämlich durch fortgesetzte gleich starke Ausübung der Liebe, Mildigkeit und Religion, welches die Uebungen des künftigen Lebens seyn werden — wofern wir nicht darinne eben so müßig und nichtswerth seyn sollen, als des Lucrez Götter.

55. Ich wollte lieber barfuß gehen, als etwas Unredliches thun — Besser, man beschmuzt sich die Füsse, als die Hände — Wessen Sprache ist dieses?

56. Einige Pairs, die ich kenne, erinnern mich an einen Mann, den ich vormals kannte, dessen Name, oder Namen, oder nomen multitudinis, so hießen: Cäsar Augustus Gustavus Adolphus Mar-

aus Antonius Timotheus Keeling — ein Tanzmeister.

57. Es ist mir anstößig, wenn ich bedenke, wie vieles Unheil ieder Mensch anstiften wird, der sich nur entschließen wird, alles das anzustiften, welches er kann.

58. Ein Reservecorps von den häßlichsten, ungestaltesten Männern aufzurichten, imgleichen eine Schaar Amazonen von gleichem Schlage, die zum Kriege abgerichtet würden, und die man im Dienste der verlornen Hoffnung ausschicken könnte, das würde, deucht mich, zu großem Nutzen in der Taktik gereichen. Leute von solcher Gestalt müssen mit ihrem Leben verschwenderischer umgehen, als andre — und würden auch ein geringerer Verlust für die Gesellschaft seyn — Das feri faciem gewann die pharsalische Schlacht, weil des armen Pompejus Truppen von ungefähr schöne Kerl waren — Hätte er aber seine Legionen aus häßlichen Leuten aufgerichtet, so würde vielleicht Caesar Ursache bekommen haben, seinen Uebergang über den Rubicon zu bereuen.

Es findet sich auch etwas Schreckhaftes in der Häßlichkeit eines Feindes — Man ist geneigt, von solchen Gesichtern weniger Menschenliebe, Barmherzigkeit oder Qvartier zu erwarten. Nouitate aspectus milites perculsi, sagt Tacitus — Schlag todt oder laß dich todtschlagen, das scheint in solchem Falle die einzige Losung zu seyn.

Daher nennt man auch solche Gestalten schreckhaft, oder tüchtig, andern bange zu machen. Der König in Preußen schien einen solchen philosophischen Begriff im Sinne zu haben, als er die Todtenköpfe aufrichtete.

59. Unsre Lehrer sagen, die Todten sollen wieder mit Leibern aufstehen — Diese Vorstellung scheint ein solcher Glaubensartikel zu seyn, die sich wie viele behaupten, mehr in die Lehre eines unchristlichen als eines christlichen Gottesgelehrten schickt —

Es würde unphilosophisch seyn, anzunehmen, daß Fleisch und Blut nach der Auferstehung ihre Eigenschaften verlieren würden — Jedoch, um ihnen Gerechtigkeit zu erweisen, das behaupten sie

auch nicht — Wenn das ist, so bin ich gut dafür, der türkische Entwurf des Paradieses wird in der Ausübung herrschen, wenn auch der Glaube aus der ganzen Metaphysik der Christenheit bestehen sollte.

60. Die Aerzte sollten niemals trinken — Wenn eine Krankheit sie selbst befällt, werden sie allezeit fremde Hülfe herbey rufen — indem sie glauben, und das mit Grunde, die geringste Krankheit könnte die Urtheilskraft schwächen. Nun scheint es mir aber, daß sich ein Mensch unter den ersten Anfällen des Fiebers noch eher bey Verstande erhalten könnte, als nach einer Flasche Wein.

61. Auswärtige Prediger begleiten ihren Vortrag mit so vielen Gebärdungen, daß aus der Gemeine eine Versammlung von Zuschauern wird, sobald nur der Text verlesen ist. — Sie können sich einbilden, als befänden sie sich auf des Aeschylus Schauplatze, wo die Reden alle mit dazu gehörigen Gebärdungen von einem Pulte herab hergesagt wurden.

62. Wir können wohl Gott in allen seinen Eigenschaften nachahmen; aber Barmherzigkeit ist die einzige, worinne

wir uns anmaßen können, es ihm gleich zu thun. Zwar können wir nicht so viel als Gott geben, aber gewiß eben so vergeben, wie er — Das ist die Sprache, in welcher South und Taylor die Seelen zum Himmel hinauf vernünfteln.

63. Die verschiednen Urtheile, die wir vom Unglücke der Tauben und Blinden zu fällen geneigt sind, kommen daher, weil wir insgemein den Blinden in seinem bästen Zustande, hingegen den Tauben in seinem schlimmsten sehen — nämlich in Gesellschaft. Wenn sie allein sind, ist gewiß der Taube unter beyden der glücklichste.

64. Ein Epicurer verlangt nur ein Gerichte; ein Schlämmer hätte ihrer gern zwey.

65. Ein Freygeist ist eher zu bekehren, als ein Papist — so wie Unwissenheit sich eher heilen läßt, als Aberglaube.

66. Ein nüchterner Mensch, wenn er getrunken hat, ist eben so blödsinnig, als der Trunkenbold, wenn er nüchtern ist.

67. Das keusche Gemüthe kann, gleich einer geglätteten Fläche, unzüchtige Ge-

danken haben, ohne daß es ihre Farbe an sich nimmt.

68. Den Shakespear kann man das Orakel der Natur nennen — Er trägt Wissenschaft vor, ohne gelernt zu haben, und schreibt die Sprache der gegenwärtigen Zeiten.

69. Es ist ein grosses Versehen in der politischen Verfassung Englands, daß die Zahl der Pairs nicht eingeschränkt ist — Sie insgesammt würden durch eine solche Einschränkung mehr Ehre, Ehrerbietung und Wichtigkeit erlangen. Itzt giebt es in diesen Königreichen auf ebendie Art Lords im Ueberflusse, als auswärts deutsche Grafen und französische Marqvis, oder als polnische Edelleute, die zweyhundert tausend Mann stark seyn sollen — und eben so wenig von dem gemeinen Haufen zu unterscheiden sind.

Das ist aber noch nicht das, was mir am meisten am Herzen liegt — Ich rede nicht als Lord, sondern als Republicaner — Die Vermehrung der Pairs muß in kurzem die grosse Vormauer des Staats umstürzen, indem sie das Gewichte der Gemeinen überwiegt. Leute

von dem größten Vermögen bekommen Titel, und lassen blos Mittelmänner in dem Unterhause. Dadurch geschieht seiner Wichtigkeit und Würde Abbruch.

Diejenigen nun, die solchen Pairs im Parlemente folgen, sind insgemein ihre Brüder, Söhne oder andre von ihnen abhängige — Dadurch wird des Oberhauses Einfluß und Herrschaft stärker — Die Regel also, omne nimium, kann wohl in kurzem in der Staatskunst eben so wahr werden, als sie es in der Philosophie ist.

Die, welche die Parlementsglieder wählen, dienen zwar ihren Repräsentanten zur Einschränkung, aber höchstens in sieben Jahren einmal — Nur allzuselten!

Sollte die Krone ihre Beystimmung zu heilsamen Gesetzen versagen, so können dafür die Gemeinen ihr ihre Einkünfte vorenthalten. Hingegen die Lords sind von aller Einschränkung frey — Sie können die Genehmigung einer Bill hindern, so oft sie nur wollen, und die Kammer der Gemeinen hat keine Hülfe wider sie. Der König kann sie nicht aus dem Stande der Lords stoßen; die Gemeine kann nicht an ihrer Stelle andre wählen.

In alten Staaten wurden Leute mit einer Krone beehrt, weil sie ein Volk errettet hatten — Die Kronen im Wappen wurden damals nicht darum ertheilt; weil man eins zu Grunde gerichtet hatte — Das werden sie auch itzt nicht — Ich spiele blos auf die zwölf Pairs an.

70. Ein gewisser Mensch hatte mir einmal einen besondern Dienst geleistet, sich aber hernach sehr unwürdig gegen mich bezeigt — Darauf ereignete sich eine Gelegenheit, die es in meine Macht stellte, ihm sein übles Bezeigen zu erwiedern, und ein Freund von mir, oder vielmehr ein Feind von ihm, redete mir zu, ich sollte mir sie zu nutze machen.

Ich wandte ein, dieser Mensch hätte mich ihm ehedem durch Dienstleistung verbunden — „Das ist wahr, sagte „jener; aber sein übels Verhalten seit der „Zeit hat völlig sowohl den Dienst als „die Verbindlichkeit ausgetilgt."

Ganz und gar nicht — Kaufmännische Rechnungen dürfen niemals bey der

erhabnern und edlern Freundschaft gelten. Wer uns einmal Verbindlichkeit auferlegt hat, der hat es hernach auf immer außer seine Macht gesetzt, uns zu beleidigen. Die Schrift hat uns ein Gebot eingeschärft, unsern Feinden zu vergeben — Wie viel stärker muß denn nicht aus dem Texte die Verzeihung gegen unsre Freunde folgen?

Da nun solchergestalt die Beleidigung durch die Religion weggenommen wird, so läßt sie uns die Verbindlichkeit ohne Abbruch übrig — Eine Gütigkeit kann niemals ausgetilgt werden — nicht einmal durch die Erwiederung.

71. Der Vortheil akademischer Erziehung, in so weit sie die Erlernung der Sprachen angeht, ist blos dieser, daß die Zeit und Arbeit, welche erfordert wird, einen Schriftsteller in der Grundsprache zu verstehen, die Materie und die Art, sie abzuhandeln, jungen Gemüthern stärker einprägt, als man von einem flüchtigen Lesen in ihrer Muttersprache vermuthen kann — Man kann sagen, daß uns auf solche Art Wissenschaft eingeschärft wird.

Die Unterredung thut die nämliche Wirkung — Wir erinnern uns an die Person, an ihre Gestalt, selbst an ihr Kleid, an die Umstände der Zeit, des Orts, u. s. w. Alles trifft darinne zusammen, die Begriffe unsern Gemüthern einzuprägen — Das würde eine kürzere und angenehmere Art von Unterrichte seyn. Und warum bedient man sich denn ihrer nicht?

Wenn der vornehmste Endzweck der Gelehrsamkeit, der in diesem Falle der einzige seyn sollte, der ist, uns Wissenschaft und Tugend beyzubringen, was sind da die todten Sprachen zu deren Erlangung nöthig? Ars longa, vita breuis, ist eine alte Klage. Aber die allgemeine Erziehungsmethode, mit der uns der Aberglaube der europäischen hohen Schulen noch immer belästigt erhält, vermehrt noch dieses Uebel über seinen natürlichen Zustand, indem sie wirklich die Kunst verlängert, und das Leben verkürzt.

72. Was Leute bey plötzlichem Auffahren sind, das sind sie von Natur — Zu solchen Zeiten sieht man sie so wie sie nicht auf ihrer Hut stehen — Fertigkeit

kann das Laster einschränken, und Tugend kann durch Leidenschaft verdunkelt werden — Aber Zwischenzeiten geben den Menschen am bäßten zu erkennen.

Man muß mit Leuten vertraut umgehen, um sie kennen zu lernen — und es gereicht nicht sehr zur Ehre der Menschlichkeit, wenn man sagt, die Freundschaft dauerte darum länger, als die Liebe — weil der Umgang nicht so häufig ist.

73. Daß die Tugend ihre eigne Belohnung ist, das kann man nicht nur in einem moralischen sondern auch orthodoxen Verstande des Worts nehmen — Denn nach unsern Gottesgelehrten ist diejenige Tugend, die aus einer blos natürlichen guten Fertigkeit, blos aus der Achtung auf das sittlich Schöne herkömmt, so entfernt, bey Gott einiges Verdienst zu haben, daß es nach dem dreyzehnten Glaubensartikel der englischen Kirche zweifelhaft gemacht wird, ob sie nicht gar an der Natur der Sünde Theil nimmt.

Die blose einfache Tugend muß demnach, dieser Meynung zu folge, mit dem sie begleitenden Vergnügen anstatt ihrer

Belohnung für lieb nehmen — weil keine Handlung, die nicht gänzlich aus gottesdienstlichen Grundsätzen entspringt, und uns durch die Liebe oder den Gehorsam gegen Gott eingegeben wird, oder sich entweder wirklich oder in Rücksicht auf andre Dinge, unmittelbar oder als zum letzten Zwecke auf seine Ehre richtet, das geringste Recht auf die Verheißungen des Evangeliums haben kann.

Jene armen Sünder also, Socrates, Plato, Seneca, Epictet, Titus, und Marc Aurel, indem sie unwissender weise glaubten, das menschliche Geschlechte mit Wohlthaten überhäuft zu haben, haben damit, diesem dreyzehnten Artickel zu folge, weiter nichts gethan, als feurige Kohlen über ihren eignen Häuptern gehäuft.

Wenn also heute zu tage ein Bischoff sich die Mühe nehmen wollte, einen von solchen Leuten zu bekehren, so muß er den Anfang damit machen, ihn ganz nackend von aller Menschenliebe und Tugend zu entkleiden, und, nachdem er ihn in diesem Zustande einige Zeit hat verkühlen lassen, ihn in die Schule oder zu einem

Küster auf die Lehre schicken, damit er dort alles vom neuen lerne.

Ich hoffe, die in Gott andächtigen Väter der Kirche werden mich nunmehr in dieser Stelle für orthodox genug halten, um wenigstens zu einem Dechantendienste berechtigt zu seyn.

74. Socrates im Phädon, wenn er von künftigen Belohnungen redet, macht einen großen Unterschied zwischen Tugend und Fertigkeit. Er sagt, ein Mensch, der sich nach sittlichen Grundsätzen wohl verhält, soll zu einer viel höhern Belohnung berechtigt seyn, als derjenige, der ebendasselbe Maaß von Pflicht blos aus Gewohnheit erfüllt.

Das ist eine artige Betrachtung von einem Heyden — Die christlichen Gottesgelehrten treiben ihre Unterscheidung noch weiter, und geben der Religion ebendenselben Vorzug vor den sittlichen Grundsätzen, den Socrates diesen vor den Fertigkeiten einräumt.

75. Wenn die verschiednen Arten der Thiere sich nicht durchgängig unterscheiden lassen, als wie der Esel, das Maulthier vom Pferde — der Affe, der Ba-

rian vom Menschen — so sind sie ein anstößiger, ekelhafter Anblick.

Aus gleichem Grunde sollte auch die Verschiedenheit der Geschlechter unter den Menschen so stark als möglich bezeichnet werden. Ein weibischer Mann oder eine männliche Frau sind noch anstößiger, als jene vorigen Beyspiele — weil sie zugleich der Sittlichkeit widerstreiten. Hic mulier und haec vir sind unnatürlich zusammengesetzt.

76. Ich glaube, die Irrthümer und Ungereimtheiten der papistischen Sätze und Lehren sind lediglich hieraus entstanden — Sobald die christliche Religion in der Welt empor kam, Regierungen erhielt, mit Ländereyen, Pfründen, Gerichtsbarkeiten und andern weltlichen Vortheilen versehen wurde, wollten gewisse Deisten oder moralische Heyden die Kirche als eine blos politische Anordnung angreifen, die darauf abgezielt wäre, Staaten und Königreiche umzustürzen. Es erhellte, führten sie an, es wäre keine Nothwendigkeit zu einer Offenbahrung gewesen, die nichts neues, oder was den Menschen vermöge des reinen Lichts der Na-

tur und Philosophie unbekannt gewesen wäre, gelehrt hätte.

Solchergestalt redete man wider den bäßten Beweis ihres göttlichen Ursprungs — daß sie blos ein vernünftigers, zusammengedrängtes und verfeinertes System von Sittenlehre war, das mit Demuth eingeführt, mit Sanftmuth empfohlen, und mit Büßung und Selbstverläugnung ausgeübt wurde — auch durch keine weltliche Gewalt, die irgendein natürliches, sittliches oder politisches Gesetze umgestürzt hätte, unterstützt ward.

Nun geriethen die Kirchenversammlungen und Priester damaliger Zeiten wegen ihrer zeitlichen Güter, ihrer Macht und Herrschaft in Sorgen; sie fiengen an in des Teufels Namen zusammenzukommen, und radebrechten jeden Text der Schrift, um solche außerordentliche Glaubensartickel und Lehren zur Ausäbung heraus zu bringen, welche das Licht der Vernunft niemals eingegeben haben konnte, und die allem dem, welchem sich jemals ihre Logik hatte unterwerfen können, schnurstracks widerstritten — zum Exempel, die Untrüglichkeit, die Brodverwandlung, das überflüssige Verdienst guter Werke, die Lossprechung in der Beichte, der Ablaß, die Loszählung vom Eyde der Treue, weltliche Gerichtsbarkeit, Inqvisition, Leibesstrafen, und die Fortpflanzung des Evangeliums des Friedens und der Barmherzigkeit durch die Gründe des Feuers und Schwerts — Nunmehr hatten die Ungläubigen verspielt.

77. Die Algebra ist die Metaphysik der Rechenkunst.

78. Der Stein des Anstoßes der Juden war, daß sie des Messiah zweyte Erscheinung in Herrlichkeit mit seiner ersten in Armseligkeit vermengten. Sie hatten einen solchen eiteln Begriff von ihrem Befreyer gefaßt, daß es ihnen verächtlich vorkam, ihren Glauben einer Privatperson zu unterwerfen, wenn sie einen irdischen König erwarteten.

Sie können zwar diesen Irrthum im Anfange in etwas entschuldigen — Aber man sieht wirklich, daß sie eine verkehrte und halsstarrige Geschlechtsart von Ungläubigen gewesen sind, weil sie sich nicht der römischen Kirche unterwerfen wollten, nachdem die Päbste ihr weltliches Königreich, ihre unumschränkte Herrschaft über alle europäische Mächte aufgerichtet, und ihnen nach ihren eignen Meynungen den sieghaften Zustand Christi auf der Erde gezeigt hatten.

79. Zusatz zur Ergänzung von Bacos Mythologie der Alten.

Vielleicht konnte das Märchen, daß Jupiter seinen Vater Saturn, den obersten unter allen Göttern, vom Reiche verdrängt hätte, eine Verderbung der sich von Adam herschreibenden Ueberlieferung seyn, der Sohn Gottes wäre der Schöpfer der Welt und aller beseelten Wesen darinne — Dieses konnte in finstern Zeiten der Unwissenheit göttlicher Geheimnisse so ausgelegt werden, als hätte er Gottes des Vaters Macht an sich gerissen, und sich das Regiment in den Himmeln widerrechtlich angemaßt.

80. Noch einer.

Vielleicht kann die Geschichte des Prometheus, der den Menschen schuf, Feuer zu seiner Beseelung vom Himmel brachte — einen Angriff auf der Pallas Keuschheit that, und wegen solcher Thaten zu strengen Strafen verurtheilt ward, darauf anspielen, daß der Logos die menschliche Natur wiedergebiert, indem er ihr den heiligen Geist mittheilt, daß er in der Jungfrau Leib gekommen ist, und für die Erlösung der Welt sein Leiden ausgestanden hat.

31. Noch einer.

Mich wundert, daß die mystischen Gottesgelehrten, die so gern Vorbilder der Christenheit aus der heydnischen Mythologie herleiten, niemals eine Anspielung von dem dreyköpfichten Cerberus auf den Pabst und seine dreyfache Krone gemacht haben.

Der erste bewachte den Eingang in die elysischen Felder; der andre maßt sich die Schlüssel des heiligen Peters an, die einlassende, ausschließende Gewalt, u. s. w.

32. Noch einer.

Zu folge der heydnischen Mythologie, wie sie Avien in seiner himmlischen Geschichte erzählt, soll Jupiter den Hercules in den Himmeln neben sich selbst gesetzt, und mit seinen Fersen den Kopf der grossen Schlange zerstossen haben, die sich des Gärtens bemächtigt gehabt hatte —. Man mache die Anwendung.

83. Gelehrsamkeit ist das Wörterbuch, Verstand aber die Grammatik der Wissenschaft.

84. Kunst und Wissenschaft sind Wörter, deren man sich häufig bedient, deren genauer Sinn aber so selten verstanden wird, daß man sie oft unrichtig eins für das andre nimmt.

Ich bin kein Freund von den Erklärungen der Schulen — An einem Orte habe ich gefunden, daß Wissenschaft mit dem Witze, und Kunst mit dem Humor verglichen ward; darinne aber liegt mehr Einbildungskraft als Philosophie. Es dient zwar, uns einen Begriff von dem zwischen ihnen befindlichen Unterschiede, jedoch nicht, einen Begriff von einem von beyden selbst beyzubringen.

Ich glaube, man kann Wissenschaft die Kenntniß der allgemeinen Dinge oder die abstracte Weisheit nennen, Kunst aber die in Ausübung gebrachte Wissenschaft — oder Wissenschaft ist die Vernunft, und Kunst der Mechanismus derselben, und kann practische Wissenschaft genannt werden — Wissenschaft endlich ist der Lehrsatz und Kunst die Aufgabe.

Ich weis wohl, man wird mir diese Einwendung machen, die Poesie würde für eine Kunst gehalten, und wäre doch nicht mechanisch — Allein ich läugne, daß sie eine Kunst ist — Eine Wissenschaft aber ist sie auch nicht — Künste und Wissenschaften können gelehrt werden — Die Poesie kann es nicht — Sondern Poesie ist eine Inspiration — Sie ward in die Seele gehaucht, gleich als sie belebt wurde — Man sollte sie weder Kunst noch Wissenschaft nennen, sondern Genie.

85. Wer mehr begehrt, als was zum Auskommen des Lebens hinreicht, (die einzige Absicht der Liebeswerke ausgenommen) der ehrt andre mehr, als sich selbst — Denn er macht der Welt eine Schmeicheley, die vielen Aufwand fordert — weil alles, was über die Nothwendigkeiten geht, blos darum aufgewandt wird, sich Bewunderung zuzuziehen, oder den Neid seiner Nachbarn rege zu machen.

86. Thomas More und andre merkwürdige Personen sind eines zu leichtsinnigen Betragens in der Todesstunde beschuldigt worden — Vielleicht giebt es aber eine gewisse Schwerfälligkeit des Herzens, die einen leichten Sinn verursachen kann, und Leuten den Schein einer Tapferkeit giebt, die sie nicht empfinden — gleich derjenigen Art von Verwägenheit, welche die Verzweifiung zuweilen Feigherzigen eingiebt.

Da das der Fall seyn kann, so sollte man solchen Leuten die Verabsäumung eines gehörigen Ernstes und Anstands bey einer so ernsthaften und wichtigen Gelegenheit eben so wenig zum Fehler anrechnen, als den Wahnsinn bey einem Fieber.

Ich rede hier nicht wider die christliche Ergebung oder philosophische Fassung zu dieser verfänglichen Zeit.

87. In Ansehung der Dreyeinigkeit bin ich mit dem Erasmus einig — Satis est, credere — Daher werde ich mich niemals weder auf philosophische noch theologische Erörterung der Sache einlassen.

88. Hartnäckigkeit ist eine sehr ungereimte Schwachheit — Habt ihr Recht, so vermindert sie euern Sieg — Habt ihr Unrecht, so setzt sie zu eurer Niederlage noch Schande hinzu.

89. Ein sonderbarer Mensch kann mit einem Ungeheuer verglichen werden — Es wird mehr bewundert, als hochgeachtet.

90. Der Liebestrieb in der Jugend ist eine Leidenschaft — im Alter, ein Laster — So lange er uns zusetzt, ist er zu verzeihen — Aber wenn wir für ihn koppeln — O Schande!

91. Freunde lassen sich mit dem Weine vergleichen — Der neue ist reiner, und jeder Tropfen ist trinkbar — der alte ist kostbarer — aber es setzen sich gern einige Hefen des Alters. Quaere?

92. Auch Schriften lassen sich mit dem Weine vergleichen — Verstand ist die Stärke, Witz aber der Geschmack. Ne quaeras.

93. St. Evremond ist der bäßte Alte unter den Neuern, den ich jemals gelesen habe.

94. Vermuthlich hat die Fürsehung kranken und alten Leuten Unfreundlichkeit und mürrisches Wesen aus Mitleiden mit ihren überlebenden Freunden und Verwandten verliehen — weil das natürlicherweise die Betrübniß vermindern muß, die sie sonst um ihren Verlust fühlen würden.

95. Ich ziehe das griechische Epigramma dem lateinischen vor — Das erste besteht in einem natürlichen aber nicht leicht beyfallenden Gedanken, der mit Stärke und Feinheit ausgedrückt ist. Das letzte hat zu viel Zugespitztes und Gesuchtes. Es hat nicht die ächte Einfalt des alten Witzes.

Catull schrieb im Geiste des ersten — Martial künstelte an dem letzten — Fast alle unter den Neuern haben gemeiniglich den römischen Dichter nachgeahmt, weil das die leichteste Art zu schreiben ist — zu der weniger Witz oder Genie gehört — Die erstere Schreibart aber muß original seyn — Sie ist der Nachahmung unfähig — Oder sonst trifft sie der Tadel des Horaz.

— Frustraque laborat,
Ausus idem —

96. Shaftesbury wollte uns gern das Lächerliche zum Prüfesteine der Wahrheit aufdringen — Er ist, deucht mich, überhaupt kein Schriftsteller von Werthe — Seine Gründe sind schwach, seicht, und beweisen nichts — Er war daher genöthigt, den Witz zu Hülfe zu rufen; aber auch dieses Mittel schlug ihm merklich fehl — denn ich halte immer seine Gründe für noch besser, als seine Scherze.

97. Unsre Vergnügungen müssen unsre Wahl, nicht die Folge des gewöhnlichen Laufs seyn.

98. Die Ehe läßt sich mit dem Ungeheuer Lindamira-Indamora im Scriblerus vergleichen — verschiedentliche Gemüther, blos durch den Leib vereinigt — Liebe aber gleicht einem Zwitter, bey dem verschiedne Geschlechter nur von einer einzigen Seele belebt werden.

Ich habe die ganze Natur ausgeplündert, um zur Erläuterung meines Satzes anständigere Anspielungen ausfindig

zu machen — Aber nach allem dem war ich genöthigt, mich mit diesen außer der Natur zu begnügen.

99. Ich hatte geglaubt, unsern Feinden vergeben, das wäre die größte Anstrengung der heydnischen Sittenlehre gewesen — hingegen Gutes für Böses erwiedern, das wäre eine durch die christliche Sittenlehre hinzugekommne Vollkommenheit.

So aber hatte ich den Verdruß, den Schleichhändler Socrates im Plato anzutreffen, wie er das göttliche Gebot, die Feinde zu lieben, mit Nachdrucke vorträgt — Vielleicht ward er unter andern auch aus diesem Grunde vom Erasmus ein Christ vor dem Christenthume genannt.

100. Bey den Heirathsverträgen der Fürsten sollte sich, zu Verhütung größrer Uebel, allezeit die Clausel befinden, daß sie im Falle der Unfruchtbarkeit geschieden werden sollten — Denn da man oft bey solchen Gelegenheiten einen politischen Gebrauch vom Gifte gemacht hat, so könnte es möglicher weise eine Versuchung für ihre Majestät seyn, sich eine

Dosis Ehebruch, so viel als genug ist, zu verordnen, in Hoffnung, die Hindernisse zu heben — Denn eine Königin hat wohl Ursache, mit der Rahel auszurufen: schaffe mir Kinder! Wo nicht, so sterbe ich.

Dieses Hülfsmittel kann vielleicht eine natürliche Ursache gewesen seyn, warum in der Geschichte so viele Könige von dem Muthe und der Tugend ihrer angeblichen Vorfahren ausgeartet sind.

101. Die englische Staatsverfassung ist aus der ganzen alten Politik zusammengesetzt — aus Monarchie, Aristocratie, Democratie und Oligarchie — Der König, die Lords, die Gemeinen und die geheimen Räthe.

Diese verschiednen Gesellschaften mäßigen und verbässern eine die andre, gleich den vier Ingredienzen des Punsches, wo, nach dem guten alten Liede,

„das Scharfe das Süsse schmelzt,
„und das Milde das Starke lindert."

Die eine ist der Zucker, die andre das Wasser, die dritte ist das geistige Getränke, und die vierte das Saure.

102. Es giebt einen Grundsatz: bässer ist es, daß tausend Schuldige entkommen, als daß ein Unschuldiger leide.

Den läugne ich — Das ist die Sprache der Menschenliebe, nicht der Staatsklugheit — Schon die Straflosigkeit eines einzigen Bösewichts ist im Stande, der Gesellschaft grössers Unheil zuzufügen, als der Verlust mehr als eines ehrlichen Mannes seyn würde.

Die Gesetze des Kriegs, wiewohl sie strenge sind, gründen sich gleichwohl auf politische Gerechtigkeit — Wen der Feind ein Außenwerk einbekommen hat, trägt man kein Bedenken, den Wall in die Luft zu sprengen, wenn gleich einige unsrer eignen Soldaten darauf Wache stehen.

Ich fühle in mir eine widerwärtige Empfindung, indem ich das schreibe — Das ist das erste mal in meinem Leben, daß ich meine Philosophie wider meine Menschenliebe habe Recht behalten lassen — Sed fiat iustitia; denn Gerechtigkeit ist Menschenliebe.

103. Eines Menschen Vermögen sollte ihm zur Vorschrift im Sparen, nicht im Verthun, dienen. Ausschweifung kann durch Ueberfluß wohl unterstützt, aber nicht gerechtfertigt werden.

104. Ein Galgen bringt, gleich dem verbotnen Baume, zugleich Tod und Wissenschaft zuwege.

105. Daß die Wahrheit in einem Brunn versteckt ist, und daß im Weine Wahrheit liegt, diese beyde Aussprüche haben einerley Abzweckung — Sie fassen dieses in sich, man solle keinen als nüchternen Leuten ein Geheimniß vertrauen.

106. So schalkhaft ich auch bey meinen Winken oder frey bey meinen Anspielungen gewesen seyn soll, so entsinne ich mich doch niemals, einen unzüchtigen Ausdruck Zeit meines Lebens gebraucht zu haben, und allezeit habe ich andre davon abgemahnt.

Ich habe stets die Geheimnisse der Bona Dea für heilig gehalten — und habe so viel Heydnisches an mir, daß ich die Liebe als eine Gottheit betrachte — Daher mir denn grobe Zoten als eine

Art heydnischer Gotteslästerung vorkommen.

107. Date obolum Belisario! — Ich würde ihm keinen Heller gegeben haben. Er verdiente nicht, das Brod zu essen, das er bettelte — darum, weil er es bettelte — War denn Belisar ein Christ?

108. Lucrez nennt den Verstand spiritus vnguenti suauis; und ein andrer Poet — Denn ich habe ein schwaches Gedächtniß — nennt ihn flos Bacchi — Ich sage, sparsame Diät und ein reiner Himmel sind Apoll und die Musen.

109. Hier ist eine Kritik nach Art des Bentley.

Nil habet infelix paupertas durius in se,
Quam quod ridiculos homines facit —
Iuuenal.

Mich deucht, ich habe niemals eine armseligere lateinische Sentenz gelesen, als diese. Habet ist hier nicht das schickliche Wort. Es bezeichnet einen Besitz; der läßt sich aber keineswegs auf diese Stelle anwenden. Est sollte das Zeitwort seyn —

und die Grammatik sollte darnach geändert werden.

Infelix paupertas ist eine falsche Metapher, und kann blos durch eine gewisse verblühmte Art zu reden unterstützt werden, welche Kunstrichter — oder vielmehr Commentatoren — auf die Mängel der alten Gelehrsamkeit gebaut haben.

Durius ist hier ein unschickliches Beywort — Es drückt blos eine sinnliche Eigenschaft aus — Peior sollte der Comparativ an dessen Stelle seyn.

In se — Eine überflüssige Ausfüllung! Das ist einer von den Fehlern des Syllbenmaaßes.

Quam quod — Zwey Adverbien, beyde einsyllbig, die sich noch dazu beyde mit einerley Buchstaben anfangen — Kahl!

Ridiculos homines — Diese Worte hätten nicht so nahe zusammen in ebenderselben Sentenz sollen gestellt werden — Das Zischen ihrer Endungen wird dadurch einem euphonischen Ohre anstössig — Hernach so ist es völlig lächerlich, dieses Beywort hier zu gebrauchen — Denn die Armuth kann wohl

vielleicht einen Menschen verächtlich machen. Wenn sie ihn aber lächerlich macht, so ist die Schuld sein eigen.

Facit — Ein ärmliches Gemächte von einem Zeitworte, das die Sentenz nur schwach schließt. Reddit würde völliger und bedeutender gewesen seyn.

110. Kritische Abhandlung über purpurea nix, nach Art der Commentatoren.

Purpurea nix und purpureae olores sind Ausdrücke in den klassischen Schriftstellern. Die Ausleger sind sehr verlegen gewesen, einen Grund anzugeben, warum der Schnee oder die Schwäne das Beywort purpurfarben bekommen sollten — Da sie nun keinen andern Weg wußten, die Schwierigkeit aufzulösen, beschlossen sie unter sich, die Alten hätten im Gebrauche gehabt, alle helle Farben, quicquid valde nitens, Purpur zu nennen.

Konnten sie denn aber nicht eine Geschlechtsart Schwäne unter sich gehabt haben, die von wirklicher Purpurfarbe war? Oder könnten sie nicht die Beschreibung von jungen Schwänen genommen haben, die gemeiniglich braunroth von Farbe sind, welches dem Purpur in etwas nahe kömmt, wiewohl non valde nitens?

Erich Pontoppidan, Bischoff von Bergen — nicht Bergen op Zoom — sagt in seiner gelehrten Beschreibung von Norwegen, die Nordsee wäre blau.

In *mare purpureum* violentior affluit amnis

Virg.

Das Eis daselbst wäre von gleicher Farbe, und würde von den Alten caerulea glacies genannt — Der Schnee auf den Spizzen der Berge wäre ebenfalls bläulich, und würde daher gemeiniglich blabreñ genannt — das ist, von einer ins Purpurhafte fallenden Farbe.

Ich erwarte, die gelehrte Welt werde mir große Verbindlichkeit wegen des Wizzigen in dieser kritischen Abhandlung bezeugen, weil sie versichert in alle Wege eben so gelehrt und wichtig ist, als ganze Bände voll Auslegungen, denen ich, wie ich ungern sagen muß, sehr blödsinniger und unnützer weise zu viel von meiner unwiederbringlichen Zeit, und die doch mir zugerechnet wird, aufgeopfert habe.

111. Ehrfurcht für uns selbst, ist die Führerin unsrer Sitten, Achtung für andre, die Beherrscherin unsers Bezeigens.

112. Eine Achtung auf Wohlstand und die gemeinen Pünctlichkeiten des Lebens ist oft der menschlichen Gesellschaft sehr nützlich gewesen. Sie hat manches Ehepaar verhindert, sich zu trennen, und erhält oft da einen nachbarlichen Umgang, wo es beydes an Liebe und Freundschaft gefehlt hat.

113. Der lächerliche Ausdruck in des Lord Grimstons Schauspiele die Liebe in einem holen Baume

„Laßt uns hier unsern ermüdeten Glie-
„dern Ruhe gönnen, bis daß sie noch
„mehr ermüdet seyn werden“

läßt sich durch eine Stelle im Horaz rechtfertigen, fatigatum somno — und durch eine andre im Tibull

Illa meos *somno lassos* patefecit ocellos.

114. Unter allen Betrügern sind die Thoren die ärgsten — Sie rauben uns sowohl unsre Zeit als Gelassenheit.

115. Nicht die Stärke der Freundschaft, sondern die große Herrschaft des Lasters macht, daß die Neuern so oft über jene vortreffliche Regel der Alten hinausgehen, vsque ad aras — Treibet nicht eure Freundschaft über den Altar hinaus!

116. Eine Erklärung dessen, was man gemeiniglich einen Handel nennt. Die Ankaufung einer schlechten Waare, die man nicht braucht, darum weil man sie wohlfeiler bekommen kann, als eine gute, die man braucht.

117. Der Alten Art, das Andenken ihrer Götter, Helden und Freunde zu feyern, waren libationes nicht potationes — Wäre es doch eben so unter den Neuern! — Besser wäre es oft, der Wein würde weggegossen, als getrunken.

118. Die Verliebten drücken sich sehr schicklich aus, wenn sie von einem Tausche der Herzen reden — Denn diese bezaubernde Leidenschaft verwechselt blos die Eigenschaften der Geschlechter; sie giebt der Nymphe Herzhaftigkeit und dem Schäfer Sanftmuth. Solchergestalt verwechseln sie gegenseitig ihre Muthigkeit und Schüchternheit.

119. Der Trunk verändert niemals unsre Natur; er zeigt sie blos.

120. Alle junge Thiere sind lustig, und alle alte ernsthaft — Eine alte Frau ist das einzige stets hüpfende alte Thier.

121. Eine Sittenlehre in des Seneca Tone — Besser ist es, das eitelste Ding von der Welt thun, als eine halbe Stunde eitel *) sitzen.

122. Wenn ein Unglück bevorstehend ist, so schreye ich: Gott verhüte es! — Wenn es mich aber trifft, so spreche ich: Gott sey Dank!

123. Herzhaftigkeit und Bescheidenheit sind diejenigen Tugenden, die am wenigsten zweydeutig sind — weil die Heucheley sie nicht nachahmen kann — Zudem haben sie dieses zusammen gemein, daß sie durch einerley Farbe ausgedrückt werden.

124. Die Alten stellten den Saturn zum Bilde der Zeit vor, mit Flügeln an den Schultern und Fesseln an den Füssen. Das geschah, um zu bezeichnen, daß sie für einige schnell für andre langsam verstriche; zu folge dieses Ausspruchs:

*) müßig.

O vita! stulto longa, sapienti brevis!

125. „Zwo werden mahlen in einer „Mühle; eine wird angenommen, die an„dre wird verlassen werden.“ Wenn der Müller, vermöge dieses Textes, zum Lohne für sein Mahlen die Hälfte des Getraides forderte, so wäre das ein eben so guter Grund, als welcher viele Ansprüche der römischen Kirche unterstützt.

126. Die ausschweifenden Lobsprüche, die uns die alten Kunstrichter von vielen solcher Autoren hinterlassen haben, deren Werke schon lange der Schlund der Zeit verschlungen hat, und von denen sie blos die Namen in ihren Commentarien aufbehalten haben, könnten uns bewegen, den Verlust so vielen Witzes, so vieler Laune und solcher schönen Schriften, wofür sie uns angerühmt werden, zu beklagen, wenn nicht ihre Fragmente, von denen wir, weil sie aufbehalten worden sind, vernünftiger weise urtheilen können, daß sie die ausgesuchtesten Stücke waren, uns Gelegenheit verschafften, ein wenig für uns selbst zu urtheilen.

Und nach einer solchen kritischen Müsterung getraue ich mir, zu sagen, daß ein aufrichtiger Leser glauben wird, daß diejenigen Schriften, die uns zum Glücke ganz oder auch nur verstümmelt entkommen sind, eben so viel werth sind, als der ganze Bücherschatz von solchen, die nebst ihren Autoren begraben liegen. In Baillets jugemens des savans findet man wohl fünf Bände voll solchen Zeugs.

127. Man sollte über gelehrte Materien sowohl alte als neue Kunstrichter mit größtem Mißtrauen lesen — Die Verschiedenheit, ja, das Widerstreitende der Meynungen, welche Leute von gleich starker Urtheilskraft, Fähigkeit und Gelehrsamkeit, von dem nämlichen Werke hegen, müßten uns das größte Erstaunen verursachen, wenn wir nicht die Kunstrichter aus ebendemselben Gesichtspuncte, als die Verliebten, betrachten müßten — Sie werden von einigen Zügen gerührt, in denen ein anders Auge vielleicht keine Schönheit sehen kann, und sind zärtlicherweise geneigt, dem Ganzen eine Vollkommenheit zuzuschreiben.

Es läßt sich daher in dem einen Falle so gut als in dem andern das alte Sprichwort behaupten, de gustibus non est disputandum — Folglich haben wir keinen Vorwand, die Urtheile oder den Verstand der Commentatoren zu tadeln, sondern nur, ihren Geschmack, ihre Sympathie, ihre Berauschung — So lasset uns denn allezeit für uns selbst urtheilen, schmecken oder empfinden, damit wir nicht durch große Namen verführt werden.

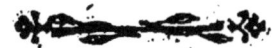

128. Unter den vielen merkwürdigen Albernheiten der Schulen kömmt mir keine so wahrhaftig lächerlich vor, als der Streit um die Verfasser der alten Werke — Ist es denn der Verfasser oder die Schrift, was wir bewundern oder tadeln? Wir haben ja blos die Schriftsteller vor uns; an ihren Namen liegt nichts, wenn wir ein Werk von Genie auslegen.

Ich frage nicht im geringsten darnach, ob Pisanders oder Virgils Handschrift (Macrob behauptet das erste) das Original der zweyten Aeneide gewesen ist — oder ob Apollon von Rhodus die vierte geschrieben hat — Ob ein Homer aus den sieben Städten die Iliade und Odyssee ganz geschrieben, oder blos einige alte Gassenlieder zusammengestückt, und auf den Straßen von Smyrna,

Rhodus, Colophon, Salamis, Chios, Argos oder Athen unter dem Titel: Des blinden Bettelmanns Bluhmenkranz abgesungen hat.

Ich will mir nicht anmaßen, zu sagen, daß wir den Virgil oder Homer vor uns haben, wenn wir die ihnen zugeschriebnen Werke lesen — Aber wir haben gewiß ihre Verfasser — Das ist alles, warum wir zu streiten nöthig haben. Und ich glaube wirklich, daß diejenigen Gelehrten, die sich in dieser sehr unerheblichen Sache gezwungner weise eine Zuverlässigkeit anmaßen, nicht um ein Haar klüger sind, als jenes sehr schöne Frauenzimmer, die mich einmal mit dem anmuthigsten Lächeln von der Welt fragte, wer denn der Verfasser von Shakespears Schauspielen wäre.

129. Karl hatte eine Art von Philosophie, ohne Ueberlegung, welche machte, daß er sich alles und iedes gefallen ließ. Unter andern Merkwürdigkeiten seines Lebens, war er auch der zufriedenste Hahnrey, den ich iemals gekannt habe, und konnte seine Hörner hinter sich legen, wie

ein Hirsch, wenn er durch eine Hecke dringt.

130. Scaliger nennt das Kitzeln einen sechsten Sinn — Und gewiß, der Unterschied zwischen gekitzelt werden und blosem Fühlen ist eben so groß, als zwischen schmecken und berühren.

Aber so könnte die nämliche zu weit ausgedehnte Philosophie eben so gut die See das fünfte Element nennen, weil sie so sehr vom gemeinen Wasser verschieden ist — Denn das Kitzeln ist, so wie die salzige Wälle, blos eine stärkere oder schärfere Empfindung — die erste des Geschmacks die andre des Gefühls.

131. Marie war so voll von Grimassen, daß sie iedes Glied ihres Leibes verunstaltete, eins ausgenommen — und das kam dadurch los, weil sie nicht im Stande war, einen Augenblick still zu liegen.

132. Lord Kaims sagt in seinen Anfangsgründen der Kritik, die Musik erhöhte den Geschmack an einem Gastmahle — Das läugne ich — Sie erhöht ihn nicht mehr, als ihn die Malerey erhöhen würde. Beyde können hinzukommende Vergnügungen seyn, so wie es

auch die Unterredung ist — Aber es sind völlig unterschiedne Bemerkungen, und man kann keineswegs sagen, daß sie sich mit der Mahlzeit vermischen, weil keins von ihnen den Geschmack des Weins, der Brühe, des Fleisches erhöht, oder bässern Appetit macht — Aber Musik und Malerey setzen beyde einen Geist der Andacht hinzu, und erheben die Inbrunst.

133. Wie sehr müssen sich manche Leute vor dem Tode fürchten, da sie lieber beständig sterbend als todt seyn wollen!

134. Eine Kröte, die sich von den Dünsten eines Kerkers nährt, ist kein solches elendes Geschöpfe, als ein Mann von Verstande, der das Unglück hat, sich in eine schwache oder nichtswürdige Frauensperson herzlich verliebt zu haben.

Die Frauenzimmer sind gern stolz auf solche Eroberungen; aber, wie der Poet sagt, mehr des Triumphs als des Preises wegen — Denn sonst würden sie einen Narren für einen grössern Gewinn halten. Sie schmeicheln sich unwissender weise, daß sie fähig gewesen sind, Leute von Verstande zu betrügen, da sie doch in der That sich selbst betrogen haben — Ihr Stolz will ihnen nicht erlauben, sich einzubilden, daß sie jemals eine Neigung für einen Thoren unterhalten könnten. Daher legen sie einem schönen Einfältigen ihren eignen Verstand bey, und leihen ihm damit oft Waffen wider sich selbst, ehe sie es inne werden.

135. Die Verliebten hören gern durch die Augen — Der sicherste Weg aber ist, durch die Ohren zu sehen — Wer muß doch zuerst gesagt haben: „rede, „damit ich dich sehe!"

136. Ein Freund von mir war bey seiner Hurerey so gewissenhaft, daß er allezeit einen Vergleich mit dem Laster eingieng, indem er sich eine alte Liebste aussuchte — Er machte also zwar eine zur Hure, aber erzeugte doch kein Hurkind.

137. Verdienst, mit Schönheit begleitet, ist ein kostbar eingefaßter Edelstein. Quaere!

138. Currat lex — ist der Wahlspruch für eines Richters Kutsche. Fiat iustitia et pereat mundus! eine Ueberschrift auf den Karren eines Hänkers. *)

*) Nach englischem Gebrauche.

139. Das moralische Gesetze ohne göttliche Bestätigung ist wie das englische Gesetzbuch — ein vollkommnes System von Landesverfassung, dem es aber an einem hinlänglichen Gesetze fehlt, um dem Ganzen den Nachdruck zu geben.

140. Wenn ich die Madam N. mit ihrem Manne sehe, fällt mir ein Affe ein, der an einen Klotz angeschlossen ist, und altväterische Possen spielt.

141. Thomas ist ein bloses Beywort in der Gesellschaft; er kann keinen Augenblick für sich allein fortkommen — Man redet auch niemals von ihm allein, sondern nimmt ihn stets mit andern zusammen, so wie Virgil den Thersilochus am Ende der Zeile an andre gekoppelt einführt.

— Glaucumque, Medontaque, Thersilochumque,
Chloreaque, Sybarimque, Daretaque, Thersilochumque.

142. Die neuern Poeten gießen zu vieles Wasser in ihre Dinte.

143. Die Menschen sind wie die Pflanzen — Einigen ist in der Sonne wohl, andern im Schatten.

144. Die vielen, mannichfaltigen und abgeschmackten Religionssysteme, die in den meisten alten Geschichten der verschiednen Theile der Welt berichtet werden, scheinen fast einen Beweis abzugeben, daß ursprünglich eine Art von Offenbarung unsern ersten Aeltern geschehen seyn muß, die, da sie durch mündliche Ueberlieferung oder höchstens durch Bilder und heilige Zeichen auf die Nachkommenschaft gebracht wurde, durch die Irrthümer, Schwachheiten oder bösen Kunstgriffe der Menschen solche Veränderungen und Verderbnisse erlitten hat, welche machten, daß sie bey Ungelehrten zu völliger Abgötterey, bey Gelehrten von einem gewissen Grade von Irrthume und Vermessenheit zu Freygeisterey ausschlug.

Denn hätte es gar keine Offenbarung gegeben, so würde entweder durchaus keine Religion in der Welt gewesen seyn, oder eine vernünftigere — In diesem Falle nämlich müßte sie daraus entstanden seyn, weil man von den Wirkungen bis zu den Ursachen hinauf gestiegen wäre, so weit nur die Philosophie desjenigen Zeit-

alters, in welchem dieses vorgieng, gereicht hätte — Und hernach — Deus interlit — So daß der natürliche Philosoph und der Sittenlehrer, beyde zusammengenommen, ein Deist geworden seyn müßten.

Wahrscheinlicher weise aber konnte das niemals der Ursprung der Religion gewesen seyn; aus folgender Ursache — Eine solche philosophische Untersuchung müßte in spätern Zeiten als solchen erfolgt seyn, in welchen, der Aussage der Geschichte zu folge, die vielen phantastischen Arten des Gottesdienstes unter allen Völkern der Erde bekannt wurden, selbst unter den ungelehrtesten, unwissendsten und rohesten, welche aus ihren eignen Prämissen oder Schlußsätzen niemals den geringsten Begriff von Religion hätten erlangen können.

145. Es giebt zweyerley Gattungen moralischer Schriftsteller — Die einen stellen die menschliche Natur aus einem änglischen, die andern aus einem thierischen Gesichtspuncte vor — Die ersten findet man gemeiniglich unter den Alten,

die letzten gänzlich unter den Neuern — vornehmlich den Franzosen.

Beyde haben Unrecht. Die einen nehmen ihre Beweise von den bäßten, die andern von den schlimmsten aus unsrer Geschlechtsart. Young hat eine richtige Meynung in seinem Centaur, die diese verschiednen Schriftsteller vereinigt. „Wir „können nicht zu hoch von unsern Na„turen noch zu niedrig von uns selbst „denken.“

136. Ein Stück Montagniana, oder ein wandernder Gedanke nach Art des Montagne.

Indem der Mensch liest oder abstract denkt, ist er dieselbe Zeit über ein König — ganz frey von aller seine eignen Umstände betreffenden Ueberlegung — Wie selten geschieht es des Tages über, daß er den Unterschied zwischen sich und einem König empfindet!

Monarchen sind unglücklicher, als ihre Unterthanen — Denn der Gebrauch macht, daß man das Gepränge gewohnt wird, die Ermüdung aber wird täglich

mehr zur Last — So hat denn Reichthum oder Grösse keine Vortheile? Keine — als nur die Macht, Gutes zu thun.

Ich habe mich oft gewundert, daß doch so wenig von dieser Art Manufactur durch die Fürsten geliefert wird, da gleichwohl die blose Seltenheit des Werks dazu dienen könnte, ihre Namen bey der Nachwelt beliebt zu machen.

„Er bezahlte einen Handwerksmann „einmal, um zu machen, daß er er„staunte.“

Aber weg mit allem Ehrgeize, der blos unsre Namen betrifft, ohne unsre Naturen vollkommner zu machen!

147. Eine Moral nach Art des Rochefoucault und andrer unmoralischen Schriftsteller von diesem Schlage, die bey allen ihren philosophischen Betrachtungen die menschliche Natur herunter zu setzen suchen.

Wie unsre Leiber aus verschiednen Elementen zusammengesetzt sind, so sind es auch unsre Gemüther aus verschiednen

Leidenschaften — Und wie aus der erstern Verbindung die Vereinigung des Körpers entsteht, so wird durch das Gegengewichte oder die Vermischung der verschiednen Regungen und Neigungen der Seele alle Tugend erzeugt.

Wie unsre Leiber aus Erde gebildet sind, so sind auch unsre Tugenden aus Niederträchtigkeit oder Laster zusammengesetzt — Man setze eiteln Ruhm zu dem Geize, so erhebt er sich zu Ehrgeize — Geilheit begeistert den Liebhaber; und eigennützige Bedürfniß den Freund — Klugheit wird durch Furcht erzeugt, und Herzhaftigkeit entsteht aus Unsinne oder Stolze.

148. Eine Betrachtung über das decens et decorum in der Sittenlehre.

Ein Freund von mir nahm seinem Pachter der schuldigen Zinsen halben das Hornvieh weg, nahm es aus dem vom Pachter gemietheten Stalle, und ließ es auf seinem eignen Grunde und Boden grasen. Nun wurde der Rückstand in einem oder zween Tagen bezahlt —

Alsdenn gab er das Vieh zurück, aber der Pachter mußte das Gras bezahlen.

Es scheint gewiß in diesem Verfahren nichts zu seyn, das dem Gesetze oder der Sittenlehre zuwider wäre, das der geringsten Bedruckung oder Erpressung ähnlich sähe. Es konnte dem Pachter gleich gelten, ob er das Gras seinem Wirthe oder dem Eigenthümer des Stalls bezahlte. — Was kann es denn also seyn, das uns so stark mit dem Begriffe eines Unterschieds rührt?

Es muß gewiß in dieser Handlung ein Mangel an Anstande seyn — Und ob es gleich vielleicht eine zu spitzfindige Betrachtung seyn mag, die zarte Verbindung zwischen beyden zu bezeichnen, so glaube ich doch, daß der Mangel an Anstande darum anstößig ist, weil er gewisser maßen einen Mangel des Sittlichen in sich faßt, ganz gewiß des feinen Sittlichen, auf das Prior zielt:

„Ueber die in den Schulen bestimmten „Gesetze der Tugend und des Lasters „hinaus" —

Hat das Anständige nichts vom Wesen der Tugend, so ist es doch wenigstens eine von ihren Zufälligkeiten. Es ist ein Beywort, das sich auf etwas Sittliches als auf sein Substantiv gründet — Es ist das Runde, das Volle, das Schöne des großen Zirkels. Oder man kann es auch mit dem feinen Wesen des Lichts vergleichen, das etwas Dichtes zu seiner Materie haben muß, von der es alle Schönheit der Farben abstralen läßt.

149. Das Gemüthe ist von natur geschäfftig, und wird sich auf Böses lenken, wenn man es nicht auf Gutes gelenkt hat. Die Zauberer sagen, wenn sie den Teufel gebannt haben, so müssen sie ihm etwas zu thun geben — und er würde ebē so geschwind eine Kirche aufbauen als niederreißen.

150. In dem, was die Welt für Kleinigkeiten rechnet, muß sich ein guter Verstand am meisten beschäfftigen — Große Gelegenheiten geben insgemein ihren eignen Wirkungen die Richtung, und kommen selten vor — Hingegen bringt uns

die Erfahrung jedes Tags kleine Sorgen genug, an denen wir unsre äußerste Klugheit üben können. Daher

„Halt nichts für Kleinigkeit, so klein „es auch aussehen mag. Kleine Sand„körner machen Berge — Augenblik„ke machen Jahre — und Kleinig„keiten das Leben aus. Auf Kleinig„keiten wende deine Sorge; oder sonst „kannst du sterben, noch ehe du zu le„ben gelernt hast."

Young.

151. Ich glaube, daß derjenige eben so gut schlafen kann — denn es läßt sich blos von ihm sagen, daß er träumt — der eine Schrift anders liest, als in der Absicht, seine Sitten zu verbässern, oder sein Bezeigen ordentlich einzurichten.

152. Nach der Gesundheit und Tugend ist nichts in diesem Leben schätzbarer, als Wissenschaft — Es läßt sich auch nichts so leicht erlangen, oder so wohlfeil erkaufen — Die Arbeit ist blos, still zu sitzen, und der Aufwand betrifft blos

die Zeit, die wir, wenn wir sie nicht verthun können, auch nicht sparen können.

153. Könnte die Zeit, wie das Geld, zurückgelegt werden, wenn man ihrer nicht bedürfte, so hätte noch der Müßiggang der halben Welt einige Entschuldigung — jedoch keine völlige — Denn das würde blos eine solche Haushaltung seyn, als wenn man vom Capitale leben, und es nicht auf Zinsen austhun wollte.

154. Es giebt dreyerley Arten, mit der Zeit umzugehen — Man verliert sie, oder verschwendet sie, oder wendet sie nützlich an.

Ampliat aetatis spatium sibi vir bonus — hoc est
Viuere bis, vita posse priore frui.

155. Einer der Kirchenväter vergleicht die Betrachtung und Ausübung mit der Rahel und Leah — Die erste war die schönste, die letzte aber fruchtbarer.

Ich fürchte, er war nicht völlig orthodox, wegen des Witzigen in seinem Gleichnisse.

156. Außer den vielen schweren Grillen der Alten, den Witz einzuklammern —

zum Exempel in Gedichten, die in Gestalt der Herzen, Altäre, Flügel, u. s. w. zugeschnitten sind — wollte ich noch die Gelehrsamkeit mit einer Grille von meiner eignen Erfindung belästigen — die sich, wenn sie Beyfall finden sollte — wie sich denn, ihrer Nichtswürdigkeit wegen, schwerlich daran zweifeln läßt — den doppelten Endreim nennen ließe — weil durch das ganze Gedichte das letzte Wort jeder Zeile allezeit mit dem ersten zusammenklingen sollte — Dadurch würde der Zwang der Strophen weggenommen, und mit der Stärke der reimlosen Versarten das Sanfte des Reims in ebenderselben Zeile verbunden.

Beyspiele.

Liebe ist der Mittelpunct; um ihn
drehn sich aller Triebe.
Tod ist, was unserm Odem den letzten
Stillstand droht.

Nebst andern moralischen Betrachtungen von gleicher Gattung.

157. Jacob besaß alles Verdienst eines Schulknaben — nur dessen Wissenschaft ausgenommen — Nunmehr

aber ist er zu alt, als daß er sich in dem Stücke nachhelfen könnte.

158. Miß R— heirathete, blos weil sie der Hurerey überdrüssig war, und nun gern ein wenig die Abwechslung des Ehebruchs versuchen wollte.

Ungekünstelte Kost wird für einen verderbten Geschmack unschmackhaft — Es werden vermischte Brühen erfordert, um den Appetit zu schärfen.

159. Jacob ersetzte den Mangel an Geistvollem mit dem gewöhnlichen Hülfsmittel des Verdrusses *) —

Quantum sufficit —

160. Eduard hatte bisweilen eine kleine Gabe zu Scherz und Laune, die ihn bey manchen Gelegenheiten noch unterhaltend genug machte — Wenn aber diese Ader nicht fließen wollte, konnte man eben so gut sagen, Eduard wäre ein abgeschmackter Hund, ohne einen einzigen Spas.

161. Frau N — war eine fühllose Art von Freygeiste — und spielte ihre

*) Spite.

Liebeshändel mehr aus Laster als Leidenschaft.

162. Des Herrn G— Haus ist gleich einem Hundestalle so stark mit Hunden bevölkert, daß man denken sollte, er wohnte in einem Walde, und hätte keine andern Nachbarn, als Bären.

163. George hat so viele Unverschämtheit an sich, daß man von ihm, wie von den Scythen, sagen könnte, er wäre durchaus Gesichte.

164. Christoph besaß eine Art von verkehrtem Witze, eine besondre Fertigkeit, die Dinge unrecht zu verstehen — Er stellte sich oft, als hörte er, anstatt des einen Worts in der Rede, ein anders von ähnlichem Klange, und indem er nun darüber seine Auslegungen machte, und seine Parodieen hinzufügte, wußte er den Redenden in Verlegenheit zu setzen.

165. Eine Lügen ist eine mit Verzweiflung begleitete Feigheit — Aus Furcht vor Menschen bietet man Gott Trotz.

166. Ich trinke niemals — und kann

es nicht mit andern auf gleiche Bedingungen thun — Jene kostet es nur einen Tag — mich ihrer drey — den ersten, daß ich sündige, den andern, daß ich dafür leide, den dritten, daß ich es bereue.

167. Das Gesichte ist der edelste unter den Sinnen — Unsre Nachrichten durch die vier andern erhalten wir blos vermittelst des Gefühls — Wir hören, fühlen, riechen, schmecken durch Berührung — Das Sehen aber schwingt sich unendlich höher auf — Es geht an Feinheit über die Materie, und hat etwas Aehnliches mit der Fähigkeit des Geistes.

168. Wollten wir uns an andrer Leute Stelle setzen, so würde dadurch viele Eifersucht und Rachgier vermieden werden, die wir nur zu oft gegen sie empfinden. Setzten wir dagegen andre an unsre Stelle, so würde das unsern Stolz und Hochmuth beträchtlich vermindern.

169. Freydenker sind insgemein diejenigen, die ganz und gar nicht denken.

170. Isaac Newton pflegte zu sagen, blose Arbeit und geduldiges Nachdenken hätte ihn in den Stand gesetzt, die großen Gesetze der Natur zu erforschen — Merket das, ihr Dummköpfe; gehet hin, und lernet!

Und weil ich weis, was das gute Beyspiel ausrichten kann, so will ich gleich, nachdem ich das ausgeschrieben habe, mich niedersetzen, und wieder zu studieren anfangen.

FINIS
ESSAIARUM, SENTIMENTORUM, CHARACTERIUM,
ATQUE
CALLIMACHORUM.

MEMORABILIA:

oder

außerordentliche Dinge

und

merkwürdige Aussprüche,

das Leben, die Gelehrsamkeit und Philosophie betreffend.

Gesammelt

von

Herrn Tria juncta in uno,

M. K. K.

Als

des Korans,

dritter Theil.

Sparsa coëgi.

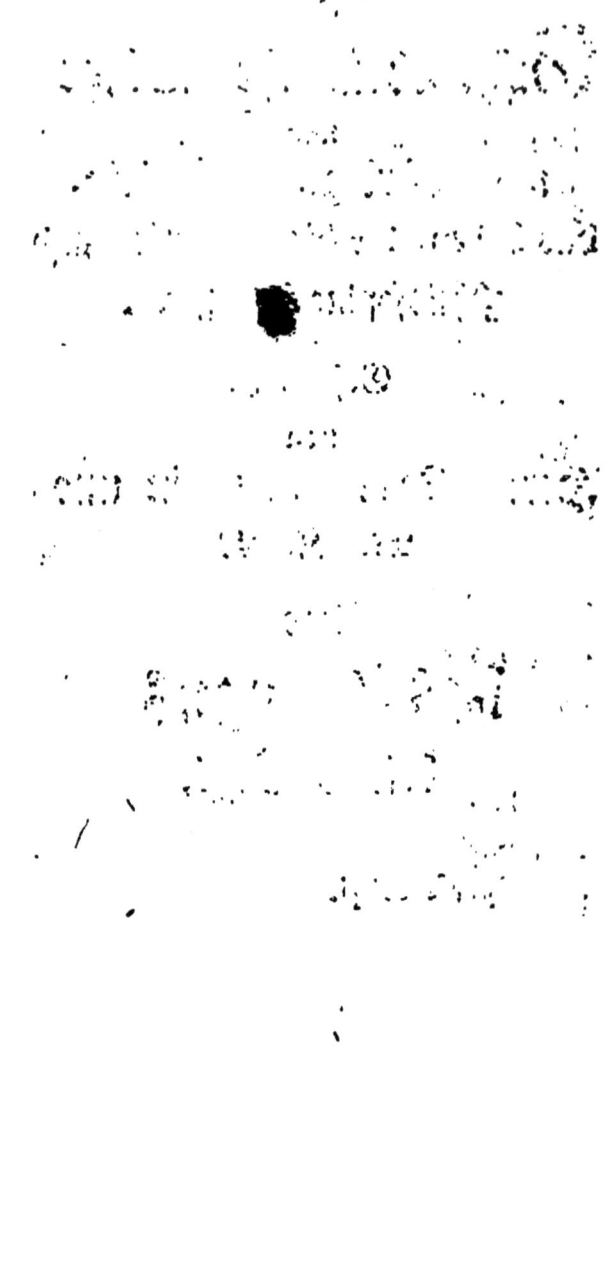

Vorrede.

Gregor Leti hat so viele Bücher geschrieben, als er Jahre alt war. Homer theilte die Iliade und Odyssee in so viele Bücher, als die Griechen Buchstaben hatten. Herodot zählte seine Bücher nach den Musen. Und sollte jemals Wilkes ein Autor werden, so wird er eher kein Ende finden, bis daß er fünfundvierzig Bände herausgegeben hat.

Aus allen diesen vorausgeschickten Beyspielen muß es, deucht mich, dem verständigen Leser ziemlich deutlich scheinen, daß Herr Tria Juncta In Uno, will er anders seinem Namen Gerechtigkeit widerfahren lassen, sein Werk in drey Theile abtheilen muß — wie man denn itzt sieht, daß ich gethan habe.

Und aus diesem Grunde trage ich nicht im geringsten Bedenken, mich selbst allen

den vorher genannten Schriftstellern vorzusetzen — nicht nur, weil mein Werk um so viel kürzer ist, als die ihrigen — sondern auch vornehmlich der Zahl drey zu ehren — die, wie ihr wisset — oder wissen solltet — die vollständigste Summe in der Rechenkunst ist.

Den ungleichen Zahlen überhaupt legten die Alten gewisse Zauberkünste oder Kräfte bey — die drey aber ist die oberste unter ihnen allen — weil sie am ersten der Handlung oder des Vermögens der Multiplication fähig ist.

Wollet ihr noch tiefsinniger gelehrt in dieser Materie werden, so leset meine Abhandlung über diese Zahl — wiewohl ich nicht recht sicher weis, ob ich euch in diesem Werke Gelegenheit verschaffen werde, das zu thun — Es wird blos darauf ankommen, ob ich Anmerkungen gnug haben werde, um diesen Theil ohne dieselbe zu beschliessen.

Drey war die Zahl der Grazien, Furien, Parcen, Sirenen, Gorgonen, und Gräen — dieser alten Hexen in der Hölle, die zusammen nur ein Auge und einen Zahn hatten, den sie wechselsweise zu borgen pflegten, wenn sie entweder Gesellschaft sehen, oder wiederkäuen wollten.

Wenn ich von Sirenen rede, so meyne ich nur diejenigen drey von ihnen, die noch am Leben sind — nämlich Aglaope, Pisinoe, und Thelxiope — Vom Anfange an gab es noch eine vierte unter ihnen — die liebe Parthenope — mein Liebling unter ihnen allen — Sie waren Töchter der Melpomene — Sie ließ sie sich zeugen, blos um sich die Schwermuth zu vertreiben — durch wen, das habe ich wirklich vergessen.

Alle vier waren Ehrenfräuleins bey der Prinzessin Europa gewesen, als sie der göttliche Stier davon führte — Der keuschen, zarten Parthenope war die

Entführung so anstößig, daß sie sich dieselbe zu Gemüthe zog, und vor Harme starb. Ihre Herrschaft hatte, zu gutem Glücke, eine stärkere Leibesbeschaffenheit — Vielleicht kann aber auch zuweilen eine Entführung denen näher gehen, die nicht entführt werden, als welcher sie widerfährt.

Geryon hatte drey Leiber, Cerberus Köpfe genug für sie alle, und Salomo eine dreyfache Wahl. Es gab drey Triumvirate — Cäsar, Pompejus, Crassus — August, Anton, Lepidus — Andrews, Beville und Carewe — Das letzte ist noch dazu durch einen namens Triglyph errichtet worden.

Apoll hatte seinen Dreyfuß, Neptun seinen Dreyzack. Eins, zwey, drey! und fort! war das Zeichen beym olympischen Rennen, sich in Lauf zu setzen. Die Alten fragten jede Leiche dreymal;

ob sie eine Einwendung wider ihre Beerdigung vorbringen könnte?

Das führt mich denn natürlicher weise auf den Hades, die altväterische Landschaft der Austheilung nach unsern guten und bösen Thaten — Sie bestand aus drey Provinzen — Erebus, Tartarus und Elysium — Himmel, Hölle und Fegfeuer — Sie hatte auch ihre drey Richter — Minos, Aeacus und Rhadamanth — auch ihre drey Flüsse — Phlegeton, Cocyt und Acheron — Außer vielen andern dreyfachen Dingen, die zur Anführung zu zahlreich und unerheblich sind.

Mitten unter jenen gedritten Sachen fiel es mir auch ein, des Pabstes dreyfache Krone zu erwähnen — Ich vermuthete jedoch, dieß Sinnbild hätte seine Bedeutung — Nun war ich aber entschlossen, mich blos an die Fabel zu halten.

Was die folgende Sammlung betrifft, so darf ich dir, Leser, ihrenthalben mit keiner Vorrede beschwerlich fallen. Ihr bloser Titel zeigt die Natur des Vorhabens gnugsam an. Ich glaubte, eine Sammlung dieser Art könnte nicht nur für das Publicum unterhaltend, sondern auch in einigen Fällen nützlich seyn — Gehab dich wohl! Daß du dreymal glücklich seyn mögest, das wünschet

Dein

dreymal verbundner und dreymal gehorsamer Diener.

Tria Juncta In Uno.

Der Koran.

Dritter Theil

Memorabilia.

I.

Vom Zoroaster, sagt Plinius, ist erzählt worden, er hätte am Tage seiner Geburt gelacht. Thomas More lachte in seiner Todesstunde — Welches von beydem war am außerordentlichsten?

2. Publius Syrus sagt, eine Frauensperson wüßte von keiner Mittelstraße zwischen lieben und hassen.

3. Es gab berühmte Frauenspersonen unter allen philosophischen Secten — Aber eine weit größre Anzahl gehörte zur pythagorischen Schule — wiewohl diese Stillschweigen und die Bewahrung der Geheimnisse anbefahl.

4. Johann Weaver, in seiner 1630 herausgekommnen Geschichte der alten Denkmäler, führt folgende Weißagung

von einem heiligen Einsiedler zur Zeit König Ethelreds an.

„Wegen ihrer Trunkenheit, Verrätherey und Vernachlässigung des Hauses Gottes, sollen die Engländer zuerst durch die Dänen, darauf durch die Normänner, und zum dritten male durch Schottländer überwunden werden.“

5. Sainctyon in seinem Leben Tamerlans sagt, unter einer gewissen persischen Nation in der Provinz Chouvatsam würden alle Leute mit einer musicalischen Stimme geboren, und der Kinder Geschrey in der Wiege wäre völlig melodisch.

Die Ursache davon muß — Denn ich suche allezeit lieber diese auf, ehe ich ein Ding streitig mache — der besondern Lage des Landes zuzuschreiben seyn, die vielleicht die Wirkung thut, die Luft wohlklingender zu machen. In bergichten Ländern giebt das elastische Wesen dieses Elements allen Lauten, die es zurückschallen läßt, eine gewisse Schärfe — In Wallis bellen die Hunde mit einem Tone, der in die Ohren schmettert, und in Ir-

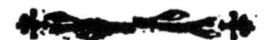

land vielleicht mit einer kauderwälschen Sprache, wie Frau Digherty sagt.

6. Eine der letzten Reden des Nero, nachdem er sich selbst nicht mehr als Gerechtigkeit erwiesen hatte, war diese: „o was stirbt heute für ein vortrefflicher „Harfenspieler!“

7. Mein Schneider zu London pflegte seine Pfeife den ganzen Tag fließen zu lassen, und schläferte sich gleichsam durch den Schall eines Wasserfalls ein.

8. Möchten doch Herzoge Staatsminister abgeben! und Schuhflicker Feyertage halten!

9. In dem rabbinischen Berichte von der Juden Verhöre und Strafe wegen des Ehebruchs findet sich ein sehr merkwürdiger Umstand.

Sie gaben der Frau einen vom Priester verfertigten Trank, das Wasser der Eifersucht genannt — War sie strafbar, so vergiftete er sie auf der Stelle, ohne weitere Umstände — War sie unschuldig, so vermehrte er ihre Gesundheit und Fruchtbarkeit — Was müssen da nicht für feine Betrügereyen vorgegangen seyn!

War aber der Mann selbst des gleichen Verbrechens schuldig, so hatte der Trank keine üble Wirkung auf die Frau, so sehr sie sich auch vergangen haben mochte — Das war nicht mehr als billig.

10. Die spanischen Gasthöfe setzen in ihren Rechnungen allezeit etwas für das gemachte Geräusche an, man mag nun welches machen, oder nicht.

11. Der Bischoff von Beauvais, der dem Cardinale Richelieu als erster Minister in Frankreich folgte, that den Holländern den Antrag, sie sollten alle Papisten werden, oder sonst sollten sie aus dem Bündnisse mit dem großen Monarchen gestoßen werden.

12. Ludwig der vierzehnte, wiewohl er ein König war, belohnte gleichwohl das Verdienst, und munterte die Gelehrsamkeit auf.

13. Die beyden letzten Buchstaben im Schibboleth würden eine eben so gute Probe für einen Irländer seyn, als es die beyden ersten für einen Ephraimiten waren.

14. Die Athenienser warfen allezeit diejenigen Kinder in die See, die mit einer Art von Mangel oder ungestaltem Wesen geboren waren — Dafür lobe ich mir meinen eignen Entwurf, den ich oben unter den Callimachieen angegeben habe. S. die 58.

15. Inter se ist ein eigner Ausdruck im Lateinischen, welcher bedeutet von einander; obschon beydes die Grammatik und das Wörterbuch derselben Sprache es so geben würde, unter sich selbst — welches gerade das Widerspiel ist.

16. Den Grammatikern, Linguisten, Ammen und Philosophen unsern freundlichen Gruß zuvor!

Was kann wohl die Ursache seyn, daß alle kleine Kinder in Großbritannien und Irland sagen mich für ich? — Mich habe dich lieb, mich ist schläfrig, mich ist hungrig, u. s. w?

Nachahmung kann es nicht seyn — Denn die ungelehrteste Mutter, Amme oder Magd spricht beständig ich.

17. Die Alten haben den Cupid und Somnus einander so ähnlich gemalt, daß

man sie nicht unterscheiden kann, ohne nur durch ihre Sinnbilder.

Sie werden doch wahrhaftig durch diese Aehnlichkeit nicht etwa gemeynt haben; die Liebe wäre nur ein Traum, der in die Luft verschwände, sobald wir wieder zu unsern Sinnen erwachten.

18. Der Teufel ist Miltons Held — Eben so parteyisch scheint Ovid gegen die alten Riesen gewesen zu seyn.

19. Spence sagt sehr altklug in seinem Polymetis, die Riesen wären nicht so leicht besiegt worden, als man hätte erwarten können.

Und wieder: einige Dichter hätten dieser Sache größre Schwierigkeit zugeschrieben, als sie sollten.

20. Ferner sagt Spence, Statius hätte den Minos und Aeacus im Gerichte sitzend abgeschildert, um dem Pluto beyzustehen — und setzt hinzu: das muß aber nur gelegentlich geschehen seyn.

21. Adad war der größte unter den assyrischen Göttern — Ist es der, den wir meynen, wenn wir in England Adad schwören?

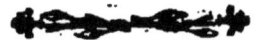

22. Lord Kaims in seinen Anfangsgründen der Kritik giebt zu verstehen, die Thiere könnten vernünftig werden, wenn ihnen der Gebrauch der Rede mitgetheilt würde — Man sage mir doch, sind denn Papagayen und Aelstern vernünftig? Frauenspersonen sind es, das wissen wir — Würden sie es aber weniger seyn, wenn sie auch weniger redeten?

23. Androcles hieß derjenige, der den zahmen Löwen in den Straßen Roms herum führte — Man sehe die Geschichte davon im Aulus Gellius, und glaube sie, wenn man kann.

24. Der Ausdruck im Shakespear vom Secte und Zucker ist nicht so ungereimt, als er klingt — Man thue Zucker in Sect, so giebt es ihm einen frischen, lebhaften Geschmack, und benimmt ihm den unangenehmen süßlichen, den er seiner Natur nach hat.

25. Isaac Newton irrte sich in seiner Philosophie, als ob manche Pflanzen durch Feuchtigkeit genährt würden — Sie ist blos das Zuführungsmittel — Die eigentliche Nahrung kömmt von der Erde.

Es thut mir indessen leid, daß dieser Heischesatz nicht wahr ist — Dadurch würde der Atheisten Ausspruch widerlegt worden seyn, daß die Welt von Ewigkeit wäre — Hätten die Pflanzen ihren Zusatz durch die Feuchtigkeit erhalten, und wären darauf in der Erde umgekommen, so könnte itzt kein solches Element als das Wasser in der Natur vorhanden seyn. Daher mußte die mosaische Geschichte von der Erschaffung der Welt in der Zeit wahr seyn.

Ferner könnte man dadurch einen philosophischen Beweis erhalten haben, daß die Welt am Ende durch Feuer untergehen würde — Denn iemehr die Feuchtigkeit sich vermindert, desto stärker wird die Hitze zunehmen.

26. Ein gewisser Venetianer, sehr geschickt in den schönen Wissenschaften und von zärtlichem Geschmacke, war von dem feinen Unterschiede zwischen dem Catull und Martial in ihren Sinnschriften so stark gerührt worden, daß er in seiner Bibliothek ieden Sterbetag Catulls jährlich feyerte, und einen Band von Mar-

tials Werken dem Schatten seines Lieblingsautors aufzuopfern pflegte.

27. Man hat angemerkt, daß die Mannsleute oft am stärksten solchen Frauenspersonen zugethan sind, die keine einzige schätzbare oder liebenswürdige Eigenschaft haben, die sie empfehlen könnte — Es muß daher diese Folge gelten, wenn sich ein Mann ohn allen Grund verlieben kann, so kann er auch keinen Grund haben, warum er zu lieben aufhört.

28. George hat kürzlich die Stelle eines Pairs erhalten — Er war schon zuvor klein, wollte aber gern noch weniger werden — daher kaufte er einen Titel, und ward verächtlicher.

29. Die Fischerweiber rufen aus: edle Austern! *) — Unstreitig sind sie völlig eben so edel, als manche Familie, die in Collins Abhandlung von den Pairs mit Wappen herausgeputzt ist — Sie sind, wo nicht aus einem so alten Hause, wenigstens aus einem eben so alten Bette — Und, was noch ihre Kostbarkeit anzeigt, Perlen und sie sind Verwandte.

*) Es soll heißen: schöne, treffliche Austern!

30. Die Ableitung der Familien aus alten Zeiten blos vermöge des Lauts oder der Aehnlichkeit der Namen, wie es in allen Geschlechtsregistern geschieht, erinnert mich an Swifts Einfall, das Alterthum der Bienen zu erweisen, indem er sie von den Heviten im alten Testamente herleitet.

31. Die Juden waren das erste Volk, das wir in der Geschichte finden, das die Aufmerksamkeit auf die Abstammung einführte — Sie hatten eine Ursache dazu sowohl in ihrem Gesetze als Evangelium — Nachdem aber der Heiland gekommen war, hätte man meynen sollen, daß aller solcher Aberglaube ein Ende nehmen müßte — weil der heilige Paul sagt: „gieb nicht Acht auf die Fabeln „und unendlichen Stammableitungen, „welche vielmehr Anlaß zu Fragen als zu „göttlicher Erbauung geben“ — Und wieder, „vermeide thörichte Fragen und „Geschlechtsregister.“

32. Gays Bettlersoper war zu dem Ende geschrieben, die italiänischen Opern zu verdrängen. — In den letztern Zeiten aber ist sie der Gegenstand ihres eignen

Spottes geworden — Man hat sie so sehr auf italiänischen Fuß umgeschmolzen und aufgestutzt, daß sie itzt weder das eine noch das andre, weder eine englische noch italiänische Oper ist — Sie sind auf die Letzt Bundsverwandte geworden, und hinken in gleichem Grade.

33. Der Umstand, daß Robert seinen Vater, Wilhelmen den Eroberer, in einem Gefechte in der Normandie entdeckt, gerade indem er auf ihn losgehen wollte, um ihn zu erlegen, ihre Aussöhnung im Angesichte beyder Heere, u. s. w. würde eine schöne Situation für ein rührendes Trauerspiel abgeben.

34. Ein Freund des Thomas More ließ ihm die Wahl unter seinen Töchtern zu einer Gemahlin. Die zweyte gefiel ihm am bäßten; dem ungeachtet nahm er die älteste, blos um ihr den Verdruß zu ersparen, sich eine jüngere Schwester vorgezogen zu sehen.

Das ist eine artige Geschichte zur Prüfung, um die Stärke der Liebe an andern abzunehmen. Auch mir ward einmal die Frage auf diese Art vorgelegt. Ich billigte das Edelmüthige der That, war aber so bescheiden, blos dadurch zu antworten, indem ich sagte, man müßte sich schämen, daß man in irgendeiner Handlung seines Lebens mit einem so großen Manne verschiedner Meynung wäre.

35. Tacitus macht von einem Manne diesen Abriß: magis extra vitiis quam cum virtutibus — Der Ausdruck ist, genau genommen, bey weitem nicht richtig. Denn das ist ein Laster, wenn man leer an Tugenden ist. Dum satis putant, vitio carere, in id ipsum incidunt vitium, quod virtutibus carent, sagt Qvintilian; und der war nicht nur ein vortrefflicher Kunstrichter, sondern auch ein gesunder Sittenlehrer.

Tacitus hat in seinen Schriften viele Schönheiten; er würde aber alles aufopfern, um einen Gegensatz heraus zu bringen. Sallust und andre unter den Alten waren mit gleicher Sucht behaftet.

36. Locke sagt, Witz und Urtheilskraft wären selten bey ebenderselben Person beysammen, darum weil es Gaben von ganz verschiedner Art wären — der erste sammelte alle Begriffe, die sich einiger maßen ähnlich sind — die letzte

wäre beschäfftigt, diejenigen zu trennen, die in irgendeinem Stücke von einander verschieden sind.

Mich deucht, in dieser Anmerkung findet sich mehr Witz als Urtheilskraft — Denn ebendieselbe Geschwindigkeit, die Gedanken zusammenbringen kann, ist eben so behend im Unterscheiden — Das Sprichwort schickt sich nicht übel hieher: welche verstecken, die können auch finden.

37. Im neunten Buche von Popens Iliade giebt es beym 494. Verse eine Note, worinne ich glaube, daß sowohl Eustathius als er den Sinn nicht gefaßt haben.

Wenn Achill sagt, er haßte den Agamemnon als einen Carier, so scheint er zu verstehen zu geben, er müßte eine eben so lohnsüchtige Seele gehabt haben, als das Volk aus Carien — ein böotisches Volk, das seine Truppen in fremden Sold zu geben pflegte, wie heutiges Tages die Schweizer — daß er glauben könnte, er würde sich durch seine angebotnen Geschenke zu Lieferung der Schlacht bestechen lassen. Kurz zuvor spricht er: seine Ge-

schenke sind verhaßt — und gleich darauf: „Wenn er mir auch alles anböte, „was er besitzt," u. s. w. Die bäßte Art, einen Text aufzulösen, ist aus dem Zusammenhange.

38. Ah! te meae si *partem* animae rapit
Maturior vis, quid moror altera,
Nec carus aeque, nec superstes
Integer? —

Man beliebe hier anzumerken, daß Horaz sagt, sein Freund wäre ein Theil seiner selbst; und wenn nun dieser Theil weggenommen würde, so würde der übrige — altera — nicht mehr das Ganze seyn — integer.

Hätte nun ein neuerer Autor diese Stelle geschrieben, würden sie da nicht die englischen Kunstrichter einen Hibernicismus genannt haben?

39. Es giebt noch in diesem Autor eine andre Stelle, die sich ebenfalls tadeln ließe. Nur ist es nicht gewiß, ob man den Fehler dem Verfasser oder Abschreiber zuzurechnen hat. Am wahrscheinlichsten giebt man ihn dem letztern schuld; weil man ihm nur durch eine kleine Verbässerung abhelfen kann.

— Quid terras alio calentes
Sole mutamus? Patriae quis exul
Se quoque fugit?

Hier ist im erstern Satze der Sinn nicht vollständig — weil die Verwechslung nicht fortgeführt wird — Und hernach findet sich im zweyten etwas Ueberflüssiges — Denn patriae ist schon in exul begriffen.

Aber man verändere jenes Wort in patriâ, und hänge es an den ersten Satz an — Laßt uns nun hören, wie es nach dieser Veränderung klingen wird.

— Quid terras alio calentes
Sole mutamus patriâ? Quis exul
Se quoque fugit?

Man sieht wohl, daß hierdurch der Mangel im ersten Satze ersetzt, und das Ueberflüssige im zweyten weggenommen wird.

40. Rapin sagt sehr richtig von den meisten italiänischen Schriftstellern, sie gäben sich mehr Mühe, ein Ding witzig, als natürlich zu sagen — Aber französische sowohl als englische Schriftsteller begehen oft den nämlichen Fehler.

Man sehe zurück auf die Zahl 35, wenn sich diese Gattung fehlerhafter Schreibart angehoben hat.

41. Der Apoll im Bellvedere ist nach aller Geständnisse die schönste Bildsäule in der bekannten Welt — Wie konnte doch der sehr sinnreiche Spence in seinem Polymetis seine Vorstellung in der Zeit, da er kurz zuvor den Python getödtet hatte, irrig für einen blosen Apollo Venator ansehen?

42. Wer sollte wohl iemals auf das Lob eines Poeten stolz werden, da es so offenbar bekannt ist, daß die Musen eine Elegie auf den Tod dieser nämlichen Schlange Python gesungen haben, die doch durch ihren Gott Apoll erlegt worden war?

43. In der Philosophie wird gesagt, Verschnittne könnten den Wein bässer vertragen, als ordentliche Mannspersonen — Derjenige Philosoph also, welcher den Preis im Trinken forderte, weil er am ersten berauscht war, machte seinem Geschlechte Ehre.

Höret hierauf, ihr lustigen Landjunker! Rühmet euch niemals mehr, daß ihr im

Stande seyd, eine größre Menge starkes Getränke zu vertragen — als andre Mannspersonen.

44. Der heilige Jacob sagt, rechnet es alles für Freude, wenn ihr in verschiedne Versuchungen fallet.

45. Durch Lycurgs Anordnungen ward die Strenge der spartanischen Zucht, sowohl in der Kost als Kleidung, zur Zeit des Kriegs gemildert.

46. Es giebt in der Arzneykunst sechs Dinge, die man nicht natürliche nennt — Und welche glaubt man wohl die es sind? — Die natürlichsten Dinge in der Natur — Nahrung — Ausdünstung — Luft — Bewegung — Schlaf — und Wachen.

47. In der harleyischen vermischten Sammlung finden sich gleich im Eingange diese Worte — „Um zu zeigen, „daß, wenn Gott auf unsrer Seite ist, „weder die Macht noch Staatsklugheit „der Menschen uns Schaden zufügen „kann“ — Welcheine tiefsinnige Betrachtung! Wie viele Bände von Predigten habe ich auf ebendiese Weise geschrieben gesehen!

48. Das römische Capitol erhielt sei-

nen Namen daher, weil der Kopf eines Manns — so viel jene Leute wußten, konnte es auch einer Frau ihrer seyn — das Geschlechte liegt darinne nicht — bey der Grundlegung ausgegraben wurde.

Diesem Anzeichen zu folge weißagten die Augurs, Rom würde die Hauptstadt der Welt werden — Da sieht man, was für eine Art von Vernunftschlüssern die Priester gleich vom Anfange her gewesen seyn mögen.

Rom ward ferner die Frau, nicht der Herr der Welt genannt — Das scheint, meine obige Muthmaßung vom Kopfe hinlänglich zu bestärken.

49. Der Aberwitz handelt sich selbst gleich — Das ist mehr, als was von der armen Vernunft gesagt werden kann. Es mag zu solcher Zeit die herrschende Leidenschaft seyn welche es will, so bleibt sie es den ganzen Wahnsinn hindurch — und sollte er lebenslang dauern.

Aberwitzige sind allezeit standhaft in der Liebe; welches niemals ein Mann von gesundem Verstande war — Im Aberwitze sind unsre Leidenschaften und Grundsätze beharrlich; nur alsdenn kangen sie an sich zu verändern und zu wanken, wenn wir wieder zur Vernunft kommen.

50. Es ist hart, daß die Gesetze gar keinen Unterschied dazwischen gemacht haben, ob man einen rechtschaffnen Mann ermordet, oder einen Taugenichts hinrichtet — Ich dächte wirklich, dergleichen Dinge sollten allezeit nach ihrem innern Werthe geschätzt werden.

51. Plinius sagt, das Krokodil nähme an Stärke bis in sein höchstes Alter zu, und stürbe bey völligen Kräften — Das gäbe ein schönes poetisches Bild des Geizes, der

„mit unserm Wachsthume wächst,
„und durch unsre Schwachheit stark
„wird."

52. Eine Dame von meiner Bekanntschaft sagte mir einmal mit großer Freude, sie hätte einen Theil der annehmlichsten Romane zu lesen bekommen, dergleichen sie noch jemals gesehen hätte. Man nennte sie Plutarchs Lebensbeschreibungen — Unglücklicher weise unterrichtete ich sie, daß man dieses für zuverlässige Geschichtsbeschreibungen hielte — Sogleich bekam

sie eine niedergeschlagene Miene, und las niemals mehr eine Zeile darinne.

53. Eine Magd, die ich einsmals hatte — sie hieß nicht Dorothee *) — kam nach Hause, und weinte, weil ein Missethäter, den man ihr erlaubt hatte hinrichten zu sehen, noch Aufschub erhalten hatte.

Nun war sie dem Kerl nicht etwa gram, denn er war blos der Nothzucht halben verurtheilt worden; sie hatte auch kein grausames Gemüthe — aber es war ihr doch fehlgeschlagen, etwas zu sehen.

54. Navisius Textor hat uns ein Verzeichniß von Leuten geliefert, die lachend gestorben sind.

55. Das papische Gesetze untersagte den Männern, nach sechzig, und den Weibern, nach funfzig Jahren zu heirathen.

Mich deucht, das Gesetze irrt im ersten Stücke — weil Männer noch lange nach diesem Alter Kinder zeugen können — oder wenigstens können sie ihre Weiber bekommen, und das ist für den Staat

*) Man sehe oben im ersten Theile das 33. Kapitel gegen das Ende.

eben so gut — Aber bey einer Frauensperson, deren Jahre Wilkes Zahl übersteigen, ist die Ehe gemeiniglich vergebens.

Kinder bekommen, das ist der einzige sittsame Vorwand, den eine Frauensperson anführen kann, warum sie heirathet — Nachdem aber dieser Vorwand aufgehört hat, wie unanständig muß es da seyn, sie bis vor den Fuß des Altars zu Befriedigung ihrer Lüsternheit schreiten zu sehen!

56. Eine Uhr geht um desto geschwinder, weil sie unrichtig geht.

57. Als die berufne Prinzessin Katharine Sforza in einer Festung von Aufrührern belagert ward, drohten sie ihr, ihre Kinder umzubringen, wo sie nicht die Besatzung übergäbe. „Machet mit „ihnen was ihr wollet, sagte sie. Denn „sehet hier, ich habe ein Modell, ihrer „noch mehr zur Welt zu bringen" — Mit diesen Worten stieg sie den Wall hinaufwärts — Ich überlasse es dem Geschichtschreiber, das übrige zu erzählen. Hist. des femmes illustres.

Ich dächte, sie hätte wegen ihres Mangels an Sittsamkeit eben so sehr gerühmt werden sollen, als Jael wegen ihrer Verrätherey, mehr als alle Weiber in Zelten.

58. Menage, ein angesehener französischer Poet, schickte nach jedem Gedichte, das er herausgab, eine Kritik unter die Presse, um zu beweisen, daß er nicht eine Eigenschaft eines Dichters in seinen Schriften hätte, sondern alles inuita Minerua blos durch mühsame Arbeit schriebe — Was für ein Eigensinn!

59. Indem Alecto Amaten mit Wut begeistert, vergleicht sie Virgil mit einem Knaben, der seinen Kreisel peitscht.

60. Man frage den Smollet, was er in seinen Reisen mit den Genuesern, der Kaiserin von Rußland, und damit meynt, daß der Himmel für den Tod Peters des dritten — Iwans — und die Bestimmung ihres Sohns Rechenschaft geben soll.

61. Es giebt gewisse Fische, im Englischen abdomidals, die Floßfedern unter dem Bauche haben — Philosophen, die

sich mit dem Fischwesen vermengen, sagen, diese verhinderten, daß sie sich nicht auf den Rücken wenden könnten.

Dieser Umstand gilt, wie ich höre, nur von Fischen, nicht aber von solchen Thieren, quae desinunt in piscem.

62. Diotima, eine Philosophin, war diejenige, die den Socrates in der Philosophie der Liebe einweihte, von der nachgehends die Platonisten so viel Aufhebens gemacht haben.

63. Theano, eine andre Philosophin, pflegte verheiratheten Frauen den Rath zu geben, die Schaamhaftigkeit zugleich mit ihren Kleidern abzulegen.

Dieser Grundsatz aus dem Hurenhause wird sehr artig von dem keuschen Plutarch getadelt, welcher spricht, Weibspersonen dürfen niemals nackend seyn; denn wenn sie gleich ihre Kleider ablegen, müssen sie sich doch mit Sittsamkeit bekleiden.

64. Ebendieselbe Theano sagte zu dem Timäonides, der sie oft getadelt hatte, ungeachtet seiner Unfreundlichkeit gegen sie redete sie ihm doch lauter gutes nach — aber sie hätte das Glück, zu finden, daß

ihre Lobrede ebendasselbe Schicksal hätte, als seine Satyre — nicht geglaubt zu werden.

Prior und andre haben aus dieser Rede Sinnschriften entwandt.

„Du sprichst stets übel von mir;
„Ich sage von dir nichts als Gutes —
„Doch trotz alles unsers Lärms und Geschreys
„Glaubt die Welt weder das eine noch das andre."

Prior.

65. Ich kannte einen Mann, der durch keinen Grundsatz in der Welt regiert ward, als durch die Furcht — Er hatte keinesweges etwas dawider, in die Kirche zu gehen, wenn es nur der Teufel nicht übel nähme.

66. Die Gelehrten sind noch nicht einig, ob eine Olympiade vier oder fünf Jahre gewährt hat — zum Glücke ist das Lustrum außer Streite, und auf fünf festgesetzt.

67. Wie es zugeht, daß die Kinder, noch ehe sie in die Welt treten, blos vermöge eines auf das Gesichte der Mutter geschehenen Eindrucks Mäler bekommen,

das ist der Philosophie unerklärlich — Ja, die Philosophie läugnet die Sache, und macht dadurch die ungefähre Zusammentreffung zu einem noch grössern Geheimnisse.

63. Im Anfange waren die Weiber mit bey den olympischen Spielen — Als aber ihretwegen einige Unordnung entstand, ward es ihnen bey Lebensstrafe untersagt, sich künftig verkleidet dabey einzufinden.

Dem ungeachtet wagte nachgehends eine Frauensperson, Herenice, ihr Leben um das blose Vergnügen, dort zu ringen und sich herum zu balgen — und gewann den Preis. Sie konnte ihr Frohlocken nicht verbergen. Als die Sache den Richtern zu Ohren kam, verordneten sie, künftig sollten alle Fechterübungen nackend geschehen.

Mein Schriftsteller, ein spashafter Kopf, sagt, das hätte sie zwar abgehalten, künftig auf den Fechtplatz zu kommen, hätte sie aber bewogen, daß sie sich alle nach dem Ringelrennen gedrängt hätten.

69. Solon sprach den Aeltern alle Ge-

walt über unächte Kinder ab — Der Grund, den er davon angiebt, ist artig — Da sie blos Väter zu ihrem eignen Vergnügen geworden wären, so sollte auch blos das ihre Belohnung seyn.

Eheleute scheinen hier durch den Solon auf eine ungünstige Art unterschieden zu werden — Als blose mühselige Handarbeiter im Weinberge — Ich vermuthe, Solon hat eine häßliche Frau gehabt.

70. Hutcheson in seiner philosophischen Abhandlung über Schönheit, Zusammenstimmung und Ordnung schickt uns durch algebraische Gleichungen, durch Plus und Minus zum Himmel oder in die Hölle — so daß niemand als ein vollkommner Mathematiker im Stande seyn kann, seine Rechnung mit St. Petern in Richtigkeit zu bringen — und vielleicht der heilige Matthäus, der ein Beamter im Zollhause gewesen war, herbey gerufen werden muß, um sie abzunehmen.

71. Der Pseudomenos — eine Streitfrage unter den Stoikern — ist ein bloses Wortspiel.

72. Die Anacampserotes ist eine Wurzel, deren Berührung Verliebte wieder aussöhnen soll.

73. Lykurg war derjenige, der alle Werke Homers in Kleinasien sammelte, und nach Griechenland brachte.

Plato wollte alle Dichter aus seinem Staate ausgeschlossen wissen.

Man bemerke hier die Verschiedenheit zwischen einem Manne, der einen wirklichen Staat angelegt, und demjenigen, der nur einen in Gedanken gebaut hatte.

74. Harmonides, des Timotheus Schüler, fragte einmal seinen Herrn, wie er sich zu verhalten hätte, um den Preis in der Musik bey dem öffentlichen Singespiele zu gewinnen, das damals aufgeführt werden sollte.

„Ist der Schauplatz dünn, sagte der Alte, so spiele nach deiner bäßten Kunst — denn vermuthlich wird alsdenn die Versammlung ausgesucht seyn, und aus Kennern bestehen — Aber bey einem vollgedrängten Schauplatze spiele so schlecht du nur kannst — denn der große Hause hat Midasohren.

Harmonides fragte, so wie andre junge Leute, um einen Rath, den er nicht anzunehmen gesonnen war — Er suchte seine ganze Kunst hervor — übertraf jeden Mitwerber — gewann den Preis nicht — und starb noch dieselbe Nacht vor Verdrusse, den er dadurch erlitt, weil er des alten Weisen Rath nicht angenommen hatte.

75. Es liegt in unsrer Natur eine ursprüngliche Nothwendigkeit, uns selbst zu bestimmen — Die Fürsehung hat uns diesen Hang eingepflanzt, um den Stillstand im Handeln zu verhüten, wo es etwa an Gründen fehlen sollte, oder wo diesen das Gleichgewichte gehalten würde.

In den gleichgültigsten Fällen empfinden wir immer gern eine Neigung, die eine Seite der Frage mehr zu begünstigen, als die andre — Bey zween Menschen, die sich balgen, zwey Pferden, welche rennen, zween Hähnen, welche fechten, zween Hunden, die sich beißen — selbst zwey Fischerweibern, die sich zanken — wenn schon beyde Theile gleich unbekannt sind — wird man natürlicher weise es mit dem einen oder dem andern halten — Wir müssen uns selbst bestimmen.

Wenn zween Mitwerber um eine Krone zusammen auf dem Schauplatze des Kriegs erscheinen, so werden ihre blosen Namen bey uns die Sache ausmachen, wenn wir gleich nichts von ihrer beyder Ansprüchen oder Verdiensten wissen — Es war vor einiger Zeit unmöglich, zwischen dem Mir Jaffeir und dem Cossim Aly Khan, zween mitbulerischen Nabobs, gleichgültig zu bleiben — Ich gelobte dem letzten, ihm treu, hold und gewärtig zu seyn; meine Frau aber, entweder aus Pflichtmässigkeit oder verkehrtem Wesen, hielt es allezeit mit dem ersten wider uns.

Und sollte sich ein Streit zwischen Mann und Frau entspinnen, so werden beyde Geschlechter sich beyder Theile gegenseitig annehmen — zwar nicht allezeit so, daß jedes seinem eignen Geschlechte beylegte — Denn Frauenspersonen sind zuweilen parteyisch gegen eine Frau, blos darum weil sie eine ist — öfter aber gegen einen Mann — aus dem nämlichen Grunde — Es liegt nicht daran, welches die Beweggründe sind — Ein-

mal sind wir unter der physischen Nothwendigkeit, uns selbst zu bestimmen.

Kurz, es giebt nur einen Streit zwischen Mann und Frau, bey welchem beydes Männer und Weiber in gleichem Grade blos einem einzigen Theile Erfolg wünschen — welchem, das darf ich nicht erst sagen — Denn da meine Leser entweder männlichen oder weiblichen Geschlechts seyn müssen, so will ich die Entscheidung ihrer gemeinschaftlichen Berathschlagung überlassen.

76. Brutus war ursprünglicher weise ein verächtlicher Name, der zuerst dem Lucius Junius vom Tarqvin gegeben wurde, wegen seiner mit Fleise angenommnen Blödsinnigkeit und Thorheit, wodurch er der Bemerkung und Eifersucht des Tyrannen zu entgehen suchte, der seinen Vater und Bruder hingerichtet hatte.

Tugend kann den niedrigsten Namen groß — und Laster den größten verächtlich machen — Höret das, ihr aus dem Pöbel, und ihr Pairs!

77. Margareten von Valois, Königin von Navarra, nannte man die zehnte Muse und vierte Grazie.

78. Solon sagte, wenn alle Menschen ihr Unglück zusammen auf einen Haufen würfen, würde jeder lieber sein eignes zurücknehmen, als mit den übrigen in gleiche Theile gehen wollen.

Der Ausdruck ist seltsam — Denn da er die Betrachtung zu einer allgemeinen macht, so ist es so viel, als sagte er, eines jeden Unfälle wären geringer, wenn sie zusammengelegt, und grösser, wenn sie zurückgenommen würden. Das kann nun wohl von einigen wahr seyn; aber durchaus nicht von allen.

79. Plato sagte von des Dionys Hofe, als er wieder aus Sicilien zurückgekommen war, und man ihn fragte, was er denn da gesehen hätte: vidi monstrum in natura: hominem bis saturatum in die — Unter saturatum versteht er blos Essen, nicht Trinken.

Was würde er nicht erst gesagt haben, wenn er in neuern Zeiten gelebt, und an dem nämlichen Tage nicht nur zwo Mahl-

zeiten sondern auch zwo Schwelgereyen im Trunke gesehen hätte!

80. In dem Leben Heinrichs, Prinzen von Wallis, wird eine artige Begebenheit von einer durch den Pabst gehaltnen Rede erzählt, der einem Priester Stillschweigen auflegte, weil er Lehren geprediget hatte, die dem katholischen Glauben entgegen liefen.

Der Priester sagte zu seiner Verantwortung, er hätte nichts vorgetragen, als das Evangelium und Wort Gottes — Darauf erwiederte seine Heiligkeit, das hiesse in der That, die katholische Religion umstürzen.

81. Tiber war derjenige, der eine Belohnung für die Erfindung eines neuen Vergnügens ausbot.

82. Die Fürsehung hat unsern Leib mit Erqvickung und Arzney aus dem Thierreiche, Pflanzenreiche und Mineralreiche versehen — und unsern Gemüthern, beydes zur Ergetzung und Heilung, Religion, Musik und Wissenschaften gegeben.

Ob ich diese Beobachtung aus Nachsinnen oder Erinnerung niederschreibe, das kann ich, wie ich sehr aufrichtig erkläre, in diesem Augenblicke nicht wissen — Wohl zu merken, daß es um das Gedächtniß ein vergeßliches Ding ist.

83. Ludwig Jacob sagt vom Pontus von Thiard, der zugleich Bischoff und ein Dichter war, seine Gelehrsamkeit wäre für den ersten zu allgemein, und für den letzten zu tief.

84. Balzac sagte, Virgil hätte gehindert, daß nicht Tasso der erste epische Dichter Italiens gewesen wäre, Tasso aber hätte gehindert, daß Virgil nicht der letzte geblieben wäre.

85. Es wird von dem Sebastian, einem sehr guten lateinischen Poeten, erzählt, er hätte sich auch in gemeinen Gesprächen selten enthalten können, in Versen zu reden.

Ueberhaupt sprechen hitzige Leute, dergleichen die Poeten insgemein sind, gewöhnlicher weise in reimlosen Versen — ausgenommen wenn sie stammeln.

„Ich lispelte in abgemeßnen Tönen;
„denn die abgemeßnen Töne kamen
„von selbst.“

86. Der Graf von Bonarelli in Italien hatte ordentlich Gottesgelahrheit und Weltweisheit durchstudiert, und sich in beyden Studien hervorgethan.

Darauf ward er von denselben abgehalten, und von dem Großherzoge von Ferrara in sechzehn Gesandtschaften in Staatssachen gebraucht; alle verwaltete er mit großer Geschicklichkeit, beydes als Staatsmann und Gesandter.

Er hatte niemals eine poetische Zeile in seinem Leben geschrieben, bis er gegen sechzig Jahre alt war. Als er sich alsdenn von öffentlichen Geschäfften zur Ruhe begeben hatte, unternahm er zu seiner Belustigung ein Schäfergedichte, und verfertigte es mit gleichem Ruhme, als des Guarini Pastor Fido und des Tasso Amintas erhalten hat.

87. Der Geizige ist arm, aber der Vergnügsame reich, sagte der Weltweise Bias.

88. Solon baute eine Stadt in Cilicien, nannte sie Soleis, und bevölkerte sie mit einer Colonie aus Athen. Als diese sich mit den Landeseingebornen vermischte, ward ihre Sprache verderbt,

und man sagte, sie begienge Solöcismen — Diogenes Laertius giebt uns diese Ableitung von dem Worte.

89. Simonides, ein sehr angenehmer griechischer Dichter, war so besorgt für das Feine in seinem Ausdrucke, daß er, als er bey einer gewissen Gelegenheit von Mauleseln reden sollte, sie Töchter der Stutten nannte — Diogenes zog ihn damit auf, und fragte, ob sie nicht eben so gut Töchter der Esel wären?

90. Socrates sagt in Platos Phädon, solange die Seele unter die Materie versenkt wäre, wankte sie, schweifte umher, stieße an und wäre schwindlicht wie ein Betrunkner.

Es ist eine Stelle in den Psalmen, aus der er fast ganz gewiß sein Bild entlehnt haben muß — „Sie taumeln hin und „her, sie wanken wie ein Trunkner, und „sind nicht bey ihren Sinnen.“ Ps. 107. v. 27.

Hier ist nicht nur das Gleichniß ebendasselbe, und die Ausdrücke sind beynah auch einerley — so nahe man nur vermuthen kann, daß verschiedne Uebersezzungen ebendesselben Textes, die nicht von den siebzig Dollmetschern verfertigt sind, zusammenstimmen können — sondern auch die Gelegenheit ist eine ähnliche. Das erste beschreibt den Zustand der Seele unter der Beschwerung körperlicher Regungen; das letzte redet von Menschen, die ohne den Beystand der Gnade sind.

91. Plato erlaubte alten Leuten Lustigkeit und Wein, untersagte aber beydes den jungen. Das Sprichwort sey lustig und weise könnte von diesem Texte hergeleitet seyn.

Platos Grund aber war ein wahrhaftig philosophischer — Solange unsre natürliche Heiterkeit und Lustigkeit vorhanden wäre, sollte man niemals Anreizungsmittel gebrauchen. Wenn man ein gutes Pferd immer spornt, macht man es bald zu einem magern und abgetriebnen.

92. Antigonus sagte: Qui Macedoniae regem erudit, omnes etiam subditos erudit — Qualis rex talis grex, spricht ein andrer.

Das ist iedoch nicht allezeit so. Es ist blos eine Wahrheit, die so iezuweilen eintrifft — Die Tugend wird nicht hinreichend seyn — denn das Beyspiel allein wird es nicht ausrichten. Der König muß auch Verstand und Muth haben. Er sollte alle seine Gutthaten, Ehrenstellen und Beförderungen in einen reinen Kanal fließen lassen, und, gleich dem Himmel, uns zu unsrer Wohlfahrt bestechen.

93. Ist es nicht eine erstaunliche Sache, daß die Menschen das Geheimniß der Erlösung zu erforschen versuchen, da uns doch zu ebender Zeit, da es uns blos als ein Glaubensarticel vorgelegt wird, gesagt wird, daß selbst die Aengel es vergebens zu erforschen versucht haben?

94. Man sehe den Abriß des Franz David Sterne in dem jährlichen Register von 1760, und vergleiche ihn mit dem eifersüchtigen Aberwitze des Johann Jacob Rousseau — Unerklärlicher Eigensinn der menschlichen Natur!

95. Ich fragte einmal einen Einsiedler in Italien, wie er es doch wagen könnte, in einer einzelnen Hütte auf der Spitze eines Bergs, eine Meile weit von allen bewohnten Oertern, allein zu wohnen? Er gab zur Antwort: Die Fürsehung wäre sein nächster Nachbar.

96. Eine Bibliothek.

Plerumque in qua simulac pedem posui, foribus pessulum obdo - Ambitionem autem, amorem, libidinem, auaritiam excludo, quorum parens est ignauia, imperitia nutrix — et in ipso aeternitatis gremio inter tot illustres animos sedem mihi sumo, cum ingenti quidem animo, vt subinde magnatum me misereat, qui felicitatem hanc ignorant —

Heinsius.

In der Welt seyd ihr den Grillen jedes Thoren unterworfen — In einer Bibliothek könnt ihr jeden witzigen Kopf euch unterwürfig machen. *)

97. Der Marschall von Bellegarde war ein Liebhaber und Günstling der Königin Anne von Oesterreich, bekam aber bey folgender Gelegenheit den Abschied.

Als er sich bey ihr beurlaubte, um zur Armee abzugehen, bat er die Königin mit einer verliebten und geheimnißvollen Miene, ihm ihre Hand zu reichen. Nachdem sie erröthend bey sich angestanden, und den Kopf abgewandt hatte, gab sie ihm

*) Heinrich und Francisca. Oder Herr und Frau Griffith.

dieselbe mit zurückgedrehtem Halse und seitwärts gekehrtem Blicke. Er legte sie an sein Degengefäße.

Das war gewiß ein sehr alberner Einfall altfränkischer Galanterie — Aber man bemerke zugleich den seltsamen weiblichen Eigensinn, daß er darüber verabschiedet ward.

98. Plutarch braucht einen artigen Ausdruck von einigen Frauenspersonen, welche gelehrt, demüthig und tugendhaft waren — Ihre Zierrathen wären so beschaffen, daß sie sich ohne Geld erkaufen ließen, und würden das Leben einer ieden Frau zugleich ruhmvoll und glücklich machen.

99. Ausgezogen — vnde, nescio.

Adam bedeutet Erde, und Eve Leben. Aber ohne auf den hebräischen Erklärungen zu bestehen, so war der Mann ursprünglich aus todter Erde gemacht — die Frau aber aus dem lebendigen Manne — folglich von einer vortrefflichern Natur — Keine Schlußfolgerungen sind so stark, als die von der petitio principii hergenommen werden.

100. Ein anders Fragment zum Vortheile des andern Geschlechts.

Es ist merkwürdig, daß, so wie wir alle durch eine Frau ins Verderben gerathen sind, wir auch alle durch eine Frau wieder sind hergestellt worden.

Denn da die Jungfrau ohne Zuthun eines Mannes empfieng, so muß die ganze menschliche Natur, die Christus an sich nahm, vom weiblichen Geschlechte hergekommen seyn.

101. Die Lappländer haben seltsame Begriffe. Sie muntern zur Erlegung der Bären in ihrem Lande auf, und haben zu dem Ende das Gesetze gemacht, derjenige Mann, der einen umbringt, soll eine Woche über davon frey gesprochen seyn, seiner Frau beyzuwohnen — und so immer weiter, toties quoties.

102. Heraclit war derjenige, der zuerst das Verbrennen der Todten einführte, zu folge der Philosophie, daß Feuer das herrschende Grundwesen unter allen Dingen wäre, und daß durch eine solche Auflösung die ätherische Flamme oder Seele des Menschen bässer und eher gerei-

nigt, und von der groben Materie getrennet würde.

103. Die Doctoren der Sorbonne nahmen im Jahre 1550 einem Priester seine Pfründe deßwegen ab, weil er die Wörter quisquis und quanquam so ausgesprochen hatte, wie sie geschrieben werden, anstatt, nach ihrer Einführung, kiskis und kankam zu sprechen — Wer war wohl da ein größrer Narr, sie oder der Priester?

104. Sophocles hat ein Trauerspiel geschrieben, das gänzlich aus dem blosen Selbstgespräche eines Menschen besteht, der darüber klagt, daß ihm die Ferse weh thut. Man sehe den Philoctet.

105. Im ganzen hebräischen Wörterbuche findet sich kein einziges Wort, um die Natur oder Philosophie auszudrükken.

106. Pythagoras war derjenige der zuerst die stolze Benennung sophos oder Weiser in Philosoph oder Liebhaber der Weisheit verwandelte.

107. Was für eine wilde Art Leute müssen die alten Römer gewesen seyn, daß sie in ihrer Sprache nur ein Wort hatten,

(hostis) um einen Feind und einen Fremden zu bezeichnen!

108. Hume sagt, „können wir wohl „erwarten, daß eine Regierungsart von „einem Volke gut verfaßt werden wird, „das sich nicht darauf versteht, ein „Spinnrad zu verfertigen, oder einen „Weberstul auf vortheilhafte Art ein„zurichten?“

109. Ein gutes Gleichniß — So kurz gegeben, als eines Königs Liebeserklärung.

110. Als Isaac Newton bey einer Steingrube stand, sah er einen Stein von oben herunter auf die Erde fallen — „Warum muß doch dieser Stein, nach„dem er aus seinem Lager losgebrochen „war, lieber herunter fallen, als auf„wärts steigen, oder in die Queere flie„gen? Jede von diesen Richtungen müßte „ja dem Steine an sich selbst völlig gleich„gültig gewesen seyn.“

Das war sein Selbstgespräche, und die erste philosophische Betrachtung, die er iemals angestellt hatte. Das führte ihn zuerst auf die Erwägung der Natur der Schwere, u. s. w. Wir haben also einen blosen Zufalle alle die tiefsinnigen Entdekkungen zu danken, mit denen er seitdem die Wissenschaften bereichert hat.

111. Die Aufhörung verschiedner Orakel wird von Plutarchen dem schuld gegeben, daß die Welt damals nicht mehr so bevölkert war, als ehedem — „Die „Götter, spricht er, wollten sich nicht „herablassen, sich so vieler Dollmetscher „ihres Willens gegen eine so geringe „Handvoll Volks zu bedienen."

112. Solon sprach den Aeltern die Gewalt zu, ihre Kinder umzubringen — Wer aber hat ihnen die Macht gegeben, ihre Töchter zum Kloster zu verurtheilen?

113. Plutarch lobt das an dem Attalus, daß er alle seine eignen Kinder umgebracht hatte, um seinen Reichthum und sein Königreich seinem Neffen zu hinterlassen.

Die eine unnatürliche That erzeugte die andre — Die Ursache, warum Attalus so verfuhr, war diese, weil sein Bruder, dieses Neffen Vater, ihn zum Nachtheile dieses Sohns zum Erben eingesetzt hatte.

114. Die Menschen sind den Papagayen günstig, die doch die menschliche Sprache verunstalten — ingleichen den Affen, die doch die menschlichen Handlungen lächerlich machen.

115. Große Esser sind insgemein nur von geringem Verstande gewesen — Vom Dromedar wird gesagt, es hätte vier Mägen.

116. Es ist kürzlich ein sehr merkwürdiger und zuverlässiger Brief von der schottländischen Königin an die Elisabet herausgekommen — der der letztern Keuschheit nicht so problematisch vorstellt, als insgemein in der Geschichte geschehen ist. Man sehe das jährliche Register von 1759.

117. Man sehe in des Sülly Memoiren den sich entgegengesetzten Character des jungen Servins, als ein außerordentliches Beyspiel in der menschlichen Natur.

118. Spence sagt in seinem Polymetis, es müßte eine Nymphe mit Namen Aura gegeben haben — sonst könnte Procris über des Cephalus Ausdruck-

sura veni! niemals eifersüchtig geworden seyn.

Wie konnte doch ein Mann von seinem Geschmacke und seiner vortrefflichen Kritik eine so armselige Auslegung vorbringen! Diese Stelle beweist nicht im geringsten, daß eine solche Nymphe vorhanden war, sondern nur, daß Procris sich das einbildete.

Hätte er sich an Shakespearn erinnert, so würde er eingesehen haben, daß „Kleinigkeiten, so leicht wie die Luft, für „den Eifersüchtigen starke Beweise sind.“

119. In einer andern Stelle hat sich Spence ebenfalls schändlich geirrt. Er spricht, die Hamadryaden würden von den Poeten nicht für Seelen besondrer Bäume gehalten, sondern nur für Nymphen der Wälder überhaupt.

Allein diese letztern wurden stets mit dem Namen Dryaden bezeichnet; (daher die Druiden kommen) hingegen die erstern wurden blos für das Leben der Bäume gehalten.

120. Daß man einen Gegenstand mit einem Auge deutlich, und doch nicht mit zweyen doppelt sieht, das muß ein an-

erklärlicher Umstand bey dem Sehen zu seyn scheinen — Ebendiese philosophische Frage läßt sich vom Gehöre aufwerfen.

121. Für was für Zänkerinnen muß man die Weiber vom Anfange her gehalten haben, da alle familiares, oder weibliche Genii, Junonen genannt wurden!

122. Ich war einmal mit einem tapfern Soldaten bekannt, der versicherte mir, sein einziges Maaß der Herzhaftigkeit wäre dieses.

Bey dem ersten Feuer in einem Treffen betrachtete er sich sogleich als einen todten Mann. Darauf föchte er das übrige Treffen hindurch tapfer, und fragte nach keiner Gefahr, wie sichs denn für einen todten Mann geziemt.

Alles also, was er an Leben oder Gliedmaßen wieder in sein Zelt zurück brächte, das rechnete er für gewonnen — oder, wie er sich ausdrückte, für so gut als aus dem Feuer gerissen.

123. Ein Mensch ist kürzer, wenn er steht, als wenn er liegt. Im Bette ist er beynah sechs Linien oder ungefähr einen halben Zoll länger, als wenn er auf ist.

124. Sonderbarkeiten in Clarks lateinischer Sprachlehre. Er zählt nur sieben Theile der Rede, läßt das Fürwort und Mittelwort weg, und setzt an beyder Stelle das Beywort.

Er giebt nur fünf Endfälle der Hauptwörter zu, und verwirft den Ruffall — Der Grund, den er davon angiebt, ist sonderbar — Man sehe ihn selbst nach.

Die Ordnung seiner Endfälle ist so gesetzt: Nennfall, Klagefall, Zeugefall, Gebefall, Nehmefall.

125. Um die Mitte des dreyzehnten Jahrhunderts, unter der Regierung Pabst Gregors des neunten, trug sich ein merkwürdiger Vorfall zu.

In einem Treffen mit den Saracenen ward der Graf von Gleichen zum Gefangnen gemacht, und zur Sclaverey verurtheilt. Er mußte in den Gärten des Serals arbeiten, und ward von des Sultans Tochter bemerkt — Sie erfuhr, daß er ein Mann von Stande war, warf eine Liebe auf ihn, und erbot sich, ihm zur Freyheit zu helfen, wofern er sie heirathen wollte.

Er sagte ihr ehrlicher weise, daß er bereits eine Gemahlin hätte — Sie antwortete, daran stieße sie sich nicht, weil es bey ihr Landesgebrauch wäre, daß die Männer ihrer mehrere nähmen. Auf diese Bedingungen wurden sie einig, und hatten das Glück, sicher nach Venedig zu entkommen. Er eilte nach Rom, erzählte dem Gregor die Umstände der Geschichte, und erhielt nach gethanem Versprechen, daß er die Jungfer Saracenin katholisch machen wollte, Vergünstigung, beyde Gemahlinnen zu behalten.

Seine erste war so froh darüber, daß sie ihren Gemahl wiederbekam, auf welche Bedingungen es auch seyn mochte, daß sie es dabey bewenden ließ, und sich gegen seine schöne Befreyerin im höchsten Grade dankbar erzeigte. Die Geschichte gedenkt dabey noch eines andern unnatürlichen Umstands — Die Saracenin hätte keine Kinder gehabt, aber gegen ihrer Mitbulerin ihre mütterliche Liebe bewiesen — Ewig schade, daß sie nicht auch welche von ihrer Zucht nach sich gelassen hat!

Zu Gleichen zeigt man noch das Bette, in dem sie alle drey friedlich neben einander geschlafen haben — aus diesem Grunde könnte es eigentlicher das Grab genannt werden.

Sie wurden alle zusammen in ein Grab in der Kirche der petersberger Benedictiner gelegt, und liegen unter einem Steine, mit dieser Grabschrift, welche der Graf, der beyde überlebte, darauf sezzen ließ.

„Hier liegen die Körper zweyer neben„bulerischen Weiber, die einander mit „ungemeiner Neigung als Schwestern, „und mich überaus sehr liebten. Die ei„ne floh vom Mohammed, um ihrem „Manne zu folgen — Die andre war „begierig, ihren wiedererlangten Gatten „in die Arme zu fassen — Durch die „Bande ehelicher Liebe vereinigt, hatten „wir im Leben nur ein Ehebette, und „wurden im Tode von einem Marmor„steine bedeckt."

126. Plato beschreibt zween Cupids — einen himmlischen und einen irdischen. — Vielleicht meynte er solchergestalt die alte Meynung von den zween Urchinen zu

theilen, deren einer Liebe erwecken, der andre sie vertreiben sollte — oder, noch wahrscheinlicher, er suchte die platonische Liebe von der natürlichen zu unterscheiden.

127. Baco sagt, die Musen stünden im Bündnisse mit der Zeit, und erhielten die Vorrechte des goldnen Weltalters — Die Dichtkunst besteht, nachdem Staaten und Reiche untergegangen sind — Des Poeten Leben vereinigt Sicherheit mit Würde, Vergnügen mit Verdienste — Ich wollte, ich könnte auch hinzusetzen, mit Nutzen — Es ertheilt Bewunderung ohne Neid — Es setzt einen Mann an das Gastmahl, nicht aber unter das Gedränge — in das Licht, nicht aber in die Hitze.

128. Es war sehr richtig und fein von einem Frauenzimmer gesagt, deren in einem von Swifts Briefen gedacht wird, bey Mannspersonen erzeugte die Begierde Liebe — hingegen bey Frauenspersonen die Liebe Begierden.

129. Quid tam dignum *misericordia* quam *miser?* *)

*) Miser heißt auf englisch ein Geizhals.

130. I pensieri stretti et il viso sciolto,*) war Sir Heinrich Wootons Rath durch das ganze Leben.

131. Im Comus, da die Rede von mitternächtlichen Jauchzen und Schmausen bey erfreulichen Gelegenheiten ist, sagt Milton richtig, sie dankten den Göttern vergebens.

132. Ein Mensch muß zum Schulmanne geboren werden. Er muß entweder mehr oder weniger als ein Mensch seyn, spricht le Sage in seinem Baccalaureus von Salamanca, um sich bey Geduld zu erhalten.

133. Es ist zum Erstaunen, daß es auf der Oberfläche der Erde Leute geben kann, die sich selbst so wenig lieben, daß sie sich an alles stoßen, beständig übel aufgeräumt sind, und alle Welt wider sich aufbringen.

134. Ich habe lange aufgehört, mich über alle Wirkungen der Natur zu verwundern, eine einzige ausgenommen — Man nehme Samen von einem Fruchtbaume oder einer Bluhme, schneide ihn in Stücken,

*) Dicht zusammengenommene Gedanken und ein offnes Gesicht.

oder zerstoße ihn im Mörser, so wird man nur eine einzige Farbe daran sehen. Man stecke aber ein ander Samkorn von gleicher Art, so wird es Bluhmen oder Früchte hervorbringen, die alle Farben des Regenbogens haben.

Der mit Luchsaugen begabte Philosoph kann sich zwar überreden, daß er den künftigen Baum oder die künftige Bluhme in dem gegenwärtigen Samkorne entdeckt — Das aber kann er mich niemals überreden, daß er darinne auch ihre künftigen Farben vorher sähe.

Ich gestehe, es scheint hier etwas mehr nöthig zu seyn, als blos Ursachen vom zweyten Range, um diese Erscheinung zu erklären.

135. In einem französischen Buche, das ich vor einiger Zeit las, fand ich eine blödsinnige Uebung des Witzes, von der ich hier eine Probe gebe, blos weil sie neu ist. Ein paar französische Verse waren so geschrieben.

O c ---! d---- à m -- c--- d-- f-----
f---------

P--- p------ f-------- d-- d------ f-
c--------

Imgleichen ein paar lateinische.

O m··· t·· l···· m····, p··· u·····
v···,
S······, e· q······ s·· e··· t··
d·····, f····!

Habt ihr sonst nichts zu thun, so suchet diese heraus zu bringen. Es wird bässer seyn, als wenn ihr tränket, oder einschliefet, oder euch darüber ärgertet, daß ihr des Jahrs nicht tausend Pfund habt.

136. Folgende Aufschrift, von Aldersgate genommen, ist etwas Gekünsteltes von gleicher Art als das vorige — jedoch viel närrischer, weil es sinnreicher und schwerer ist.

Qu an tris di c vul stra
os guis ti ro nm nere uit
H san chris mi t mu la

Habt ihr eine Gabe, Räthsel aufzulösen, so will ich es euch überlassen, euch mit dieser arbeitsamen Alberkeit zu belustigen, nachdem ihr vorher der ersten künstlichen Aufgabe gehörig genuggethan habt.

137. Ich habe einen gemeinen Kerl gekannt, der verrückt geboren worden

war — Er war ein vortrefflicher Ackersmann, und konnte, Zufälle abgerechnet, in seiner Gegend am bäßten unter allen eine Sache mündlich ausrichten.

Wenn man ihm nun seine Anweisung gab, pflegte er allezeit eine Hand vor das Ohr gegenüber zu halten, damit sich nicht etwa der Auftrag da hinein schleichen möchte — und sobald man ausgeredet hatte, legte er seine andre Hand an das horchende Ohr, und lief mit der Geschichte davon zu demjenigen, dem er sie bringen sollte.

Traf es sich aber von ungefähr, daß er fiel, oder sonst genöthigt wurde, eine seiner Hände von seinen Ohren wegzunehmen, so verlor er alsbald alle Erinnerung des Auftrags, und kam weinend zurück, daß man ihm neue Anweisung geben sollte.

138. Die bäßte Ursache, warum Wunderwerke geglaubt werden, hat Gil Blas angegeben — Das Wunderbare, spricht er, rührt die Einbildungskraft; und ist einmal so viel gewonnen, so hat die Urtheilskraft nicht länger ihre völlige Freyheit.

139. Einen sonderbaren Ausspruch habe ich gefunden; aber ich weis nicht, wo — Mundus ipse, qui ob antiquitatem deberet esse sapiens, semper stultizat, et nullis flagellis alteratur: sed, vt puer, vult rosis et floribus coronari.

140. Vitam regit fortuna, non sapientia — Das ist eine sehr böse Sittenlehre, und mich wundert, wie der Verfasser von des Tullius Pflichten sich dieselbe hat können entfallen lassen.

141. Um seine Anordnung auf immer zu befestigen, that Lycurg eine Reise nach Delphos, unter dem Vorwande, das Orakel zu befragen; vorher aber forderte er dem Könige, Senate und Volke einen Eyd ab, die Staatsverfassung vor seiner Rückkunft nicht zu ändern.

Darauf begab er sich freywillig auf Lebenszeit ins Elend — Wie viele Tugend und Einfalt müssen sie nicht in jenen Tagen gehabt haben!

142. Ex sensibus ante caetera homini tactus, deinde gustatus — reliquis superatur a multis — Aquilae clarius cernunt — Vultures sagacius odorantur —

liquidius audiunt Talpae, obrutae terra. Plin. Hist. Nat.

143. Marie ist das einzige Frauenzimmer in der Welt, dem das Lächeln nicht wohl läßt. Sie ist schön, wenn sie ernsthaft ist; lacht sie aber, so sieht sie aus wie eine Närrin.

Wäre ich ihr Liebhaber, so würde ich mich beständig mit ihr zanken, um mich bey Standhaftigkeit zu erhalten — Denn der Grundsatz amantium ira amoris redintegratio läßt sich hier auf ganz besondre Art anwenden.

144. Wie unvollkommen muß damals der Zustand der Rechtschreibung gewesen seyn, als zwischen den Zeichen, die vier und zweyhundert ausdrückten, kein größrer Unterschied war, als zwischen ל und ר!

145. Homer, Hesiod, Aesop, die sieben Weisen und die Sibyllen wurden alle unter der assyrischen oder sogenannten ersten Monarchie geboren.

146. Hatte denn die Natur schon alle mögliche musicalische Töne erschöpft, daß sie gezwungen war, die Eule und den Pfau ihr häßliches Geschrey erheben, den

Raben krächzen und das Schwein grunzen zu lassen?

147. Der Kaiser Adrian, der die vertrauten Verse an seine Seele schrieb, und für einen König erstaunliche Wissenschaft und Gelehrsamkeit besaß, zog den Cato dem Cicero und den Ennius dem Virgil vor.

148. Septimius Severus, der neunzehnte römische Kaiser, starb zu York in Großbritannien.

Er hatte etwas besonders Liebenswürdiges in seiner Person. Sein Sohn Caracalla wollte ihn zwar umbringen, gleich darauf, als er von ihm zum Nachfolger war ernannt worden, ward aber durch die Leibwache daran gehindert.

Der gute alte Mann grämte sich blos über den vorgehabten Vatermord, ahndete ihn aber nicht, sondern begab sich in seinen Pallast, ward sogleich krank, und starb vor Harme.

Ich bewundre an ihm die Philosophie, welche vergab, noch mehr aber die Natur, welche empfand.

149. Constantius, der letzte von den heydnischen römischen Kaisern, der Vater

Constantins des grosen, starb ebenfalls zu York.

150. Heliogabal, zwar sonst ein nichtswürdiger Kerl, verordnete gleichwohl ein günstiges und daher gerechtes Gesetze — Er setzte ein weibliches Gerichte nieder, das in allen dieses Geschlechte betreffenden Fällen erkennen sollte.

Ich denke, eine solche Anstalt fehlt gar sehr in unsrer Landesverfassung. Wie kann man sagen, eine Verbrecherin würde von ihres gleichen verhört, wenn es doch keine weiblichen Geschwornen giebt? Besonders aber wollte ich, daß bey allen Klagen wegen Nothzucht blose Weiber zu Beeydigten erwählt würden — Denn die Hauptsache muß bey solcher Gelegenheit unstreitig vielmehr die seyn, die Klägerin auszufragen, als den Beklagten zu verhören.

Nun geben sich oft Mädchen große Mienen, als ob ihnen Gewalt angethan worden wäre, da man doch vielleicht an nichts weniger gedacht hat. Es kann wohl in einem natürlichen Verstande geschehen seyn; aber doch darum nicht

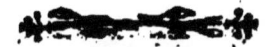

gleich in einem gesetzmäßigen — und das ist alles, was ich streitig machen will. Wie ist es nun aber einem Manne oder auch zwölf Männern möglich, auf ihr Gewissen auszusagen, welches von beyden Beywörtern dem vor Gerichte abgelegten Zeugnisse zukömmt?

Es müssen demnach in solchen Geheimnissen der bona Dea ganz gewiß Weiber die bäßten Richterinnen seyn, und können geschwinder entdecken, ob das Zeugniß aus einem Geiste der Keuschheit, oder aus Zwange, oder aus Verringerung der eignen Gebrechlichkeit der schwörenden Person herkömmt. Ein Mann aber sollte blos auf eine Beschuldigung von der ersten Art verurtheilt werden — Denn wollte man die That selbst zu seiner Ueberführung für hinlänglich halten, so müßte seine Heiligkeit, der Pabst selbst, unfehlbar leiden.

151. Im vierzehnten Jahrhunderte hatte Nicolaus Gabrini von Rienzi, einer der niedrigsten aus dem Volke zu Rom, so vielen Muth und Ehrgeiz, den Anschlag zu fassen, die Oberherrschaft über die Stadt an sich zu ziehen — und ohne

Geld, Freunde, Bündnisse oder Kriegsmacht, blos durch Gewalt der Beredtsamkeit und Standhaftigkeit, erlangte er zuletzt seine Absicht wirklich, und stieg zu einem solchen Grade von Macht und Einflusse, daß er verschiedne europäische Potentaten in Furcht setzte, und als Schiedsrichter über Königreiche angenommen ward.

152. Nur noch gegen Anfang des sechzehnten Jahrhunderts hatte ein gewisser Priester in einem griechischen Autor diese Stelle angetroffen Ὁ νȣς εςιν αυλος. (die Seele ist immaterialisch) Da er nun in seinem Wörterbuche fand, αυλος hieße eine Pfeife, so brachte er nicht weniger als funfzehn Gründe zu Katheder, daß die menschliche Seele eine Pfeife wäre.

153. Der deutsche Kaiser Heinrich der vierte empfieng die kaiserliche Krone von den Händen Pabsts Cölestins — der, indem er vor ihm auf den Knieen lag, sie wieder mit seiner heiligen Zehe herunter stieß, um seine Macht über die Könige der Erde zu zeigen.

154. Die Juden schickten Abgeordnete

an den Olivier Cromwell, um zu hören, ob er etwa der wahre Messiah wäre.

155. Pabst Julius der zweyte las eben in der Bibel, als ihm Nachricht gebracht ward, seine Truppen wären von den Franzosen geschlagen worden. — Hier warf er aus Unwillen über die Partheylichkeit des Himmels das Buch wider die Erde.

156. Der Name Frankreich ist ein Vorwurf für die Nation. Er kam von Leuten her, die Franken genannt wurden, wegen des merklichen Geistes der Freyheit, wodurch sie sich hervorgethan hatten.

Nachdem sich aber die Franzosen so armseliger weise der willkührlichen Herrschaft unterworfen haben, würde ihnen der Name Gallier besser anstehen — und der Misthaufe, nicht der zum Fechten abgerichtete Hahn, sollte ihr Wahrzeichen seyn.

157. Stephan Bathöry, König in Polen, sagte, drey Dinge hätte Gott sich selbst vorbehalten — die Macht der Schöpfung, die Wissenschaft künftiger Vorfälle, und die Herrschaft über die Gewissen.

158. Die Römer waren nach ihrer öffentlichen Staatsverfassung ein gottloses Volk, obwohl ein tugendhaftes nach ihren häuslichen Sitten. Sie bedienten sich zu Vergrösserung ihres Reichs der niederträchtigsten, grausamsten Mittel und Bedruckungen — indem sie alle ihre Nachbarn zuerst dem Joche unterwarfen, und darauf, mit Hülfe der Sclaven, die sie selbst gemacht hatten, ihre Tyranney über die übrige Welt ausbreiteten. Niemals konnte der Carthaginienser punica fides so arg seyn, als die Treulosigkeit und Verrätherey der Römer.

159. Das alte Rom machte sich unter seinen Consuls durch ebendieselben Mittel zur Frau — welches ärger ist als Herr — der Welt, die es nach der Zeit unter seinen Päbsten fortsetzte.

Das Wohl der Republik war der erstere Vorwand — das Wohl der Kirche der letztere. — Da dieses ihre ersten Grundsätze, und ihnen alle die andern untergeordnet waren, so wurden alle die Laster, Lügen und Bedruckungen, die nur einer von diesen beyden Herrschaften Vorschub thun konnten, als patriotische Tugend oder frommer Betrug betrachtet.

160. Es war ein Glück und etwas anmerkungswürdiges, daß gerade als die römische und griechische Geschichte auf den höchsten Gipfel persönlichen Heldenmuths gestiegen — und die Geschichte im völligen Besitze der Thaten war — beyder Sprachen durch den Untergang ihrer Reiche plötzlich in Verderbniß und Verfall geriethen, so daß sie zu todten wurden. Durch dieses Mittel sind sie zu klassischen geworden, und wir lesen ihre Schriftsteller durchgängig, oder wenigstens auf hohen Schulen, mit Vergnügen und Nuzzen — welches unmöglich hätte geschehen können, wenn diese Sprachen, so wie die lebendigen, noch immerfort wären verderbt, vermischt, oder erweitert worden, und folglich lange vor der Zeit veraltert wären, ehe sie zum Lernen in den europäischen Schulen eingeführt wurden.

161. Boyle sagt in seiner seraphischen Liebe, „unser Heiland ist Gott so nahe, „daß er gar wohl sagen konnte, ich und „der Vater sind eins" — Diesem zufolge scheint es, als hätte er geglaubt,

Christus hätte diese Ausdrücke blos verblühmt verstanden.

Nun hatte Boyle die Schrift beydes als Gottesgelehrter und Ausleger studiert — Ja, im Anfange des zwanzigsten Abschnitts dieses nämlichen Werks sagt er ausdrücklich, „er hätte sich einige „Mühe in Erlernung der Streittheologie „gegeben.“

Seine Geschicklichkeit war groß, und sein Gefühl der Religion warm — so daß er, beydes als Schwärmer und als Gottesgelehrter, sich vermuthlich athanasianischer ausgedrückt haben würde, wenn er nicht beydes als Metaphysiker und Ausleger wäre zurückgehalten worden.

162. Ludwig der dreyzehnte bemerkte auf besondre weise den von Retz, nachherigen Cardinal, wegen seiner Großmuth und Tugend, mit der er ein Mädchen in ein Kloster gebracht hatte, die ihm durch ihre Mutter verkauft worden war; imgleichen seiner Tapferkeit halben, mit der er seinem Gegner im Zweykampfe, als ihm der Fuß ausgegangen, und der Degen entfallen war, gesagt hatte, er sollte den Degen wieder nehmen.

Das heißt, ein König seyn, wenn man auf solche Beyspiele von Großmuth und Tugend im Privatleben aufmerksam ist. Das ist die einzige Art, auf welche man sagen kann daß eine Monarchie vor einem freyen Staate den Vorzug verdient.

Da dieses das reizendste Vorrecht ist, mit dem die Fürsten begabt sind, so wundert michs, daß sie bey ihrer überflüssigen Muße nicht begieriger sind, es auszuüben — Denn gleich des Lucrez Göttern lassen sie insgemein die Geschäffte der Welt für sich selbst sorgen, blos unter der Verwaltung der bäßten untergeordneten Ursachen — oder auch unter der Aufsicht des Zufalls, nicht der Wahl — und ihre Minister sorgen für alle Angelegenheiten des Staats, oder sorgen nicht dafür, ohne sie iemals deßhalben zu bemühen — bis nachdem sie geschehen — oder verdorben sind.

163. Young sagte, Pope hätte dem Achill wieder einen Weiberrock umgegeben — Vermuthlich zielte er damit auf Achills erste Verkleidung unter den

Töchtern Lykonieds, und auf die Fesseln des Reims.

164. Was mich in der Geschichte am meisten gewundert hat, ist, daß ich von so wenig Königen lese, die ihrem Throne entsagt haben — Es sind höchstens nicht über ein bis zwey Dutzend.

165. Diesen Morgen, als ich aus dem Bette gestiegen war, wollte ich andre Wäsche anziehen — Nun stand eben vor mir ein großes Glas, und zeigte mich mir selbst ganz nackend. Niemals hatte ich noch in meinem Leben einen solchen Anblick zu gesichte bekommen.

Ich bin gern zum Nachdenken geneigt. Daher stand ich beynah eine Minute lang mit in einander geschränkten Armen, und philosophierte über meine Figur, die beydes der Gestalt und Farbe nach einem von den neumodischen braunen holländischen Theegeschirren ähnlich sah — aber leider ohne einen Salamander.

Nach genauer Untersuchung aller meiner Theile, konnte ich mir recht gute Rechenschaft von jedem Zolle, jedem Gliede oder jedem Umstande an mir geben, nur meine Brustwarzen ausgenommen —

Der Hengst, der Stier, der Widder — selbst der Bavian, der doch dem Menschen am nächsten kömmt — haben sie nicht — Kein andres männliches Thier der Schöpfung ist mit solchen Theilen beschwert, die mir wirklich für mich nicht mehr Nutzen zu haben scheinen, als für jene vornehmen Mütter, deren mein dreyunddreyssigstes Kapitel im ersten Theile gedacht hat.

166. Auflösung der beyden oben unter der Zahl 135 aufgegebnen Räthsel.

O ciel! donne à mon coeur des forces suffisantes,
Pour pouvoir supporter des douleurs si cuisantes.

O mihi tam longae maneat pars ultima vitae,
Spiritus, et quantum sat erit, tua dicere facta!

Man sieht leicht die Erfindung ein — Blos die Anfangsbuchstaben jedes Worts sind angegeben, die übrigen Buchstaben sind durch kleine Striche bezeichnet.

Ich will hiermit das Publicum mit diesem Geheimnisse zum Nutzen der Presse beschenken — Es wird ein weit bässers Mittel seyn, Namen zu bezeichnen, die man sich nicht auszudrucken getraut, als die gemeine Weise A — B — u. s. w.

Zum Exempel — Gesetzt, ihr hättet einem verdorbnen Minister so lange Böses nachgeredet, bis ihr es müde wäret — sie mögen nun aber gut oder böse seyn, so redet man ihnen beständig Böses nach — und wolltet hernach euern Verdruß damit beschliessen, daß ihr sagtet: „der Mann, den ich meyne, ist S —“ wie leicht könnte man da irrig Sandwich lesen? Aber gesetzt, es wäre so geschrieben: S - - - - - -, so würde die Einwendung gehoben — das aufrichtige Publicum würde der Bosheit nicht erlauben, den alten Taschenspielerstreich h non est littera anzubringen, und der Entziffrer würde in kurzem den Streit endigen, indem er es für Sejanus auslegte.

167. Erklärung der obigen Aufschrift unter der Zahl 136.

Quos anguis tristi diro cum vulnere strauit,
Hos sanguis Christi miro tum munere lauit.

Vergleicht man nun beyde Stellen mit einander, so kann man sehen, wie künstlich die mittelste Zeile eingerichtet ist, daß sie aus Theilen der ersten besteht, die zugleich das Fehlende in der letzten ausfüllen — Difficiles nugae!

168. Die weibliche Eitelkeit — Selbst von der Minerva, der Göttin der Weisheit, sagt man, sie hätte ihre Pfeife weggeworfen, als ihre Ehrenfräuleins ihr sagten, sie brächte ihre Gesichtszüge in Unordnung — und sie hätte sich niemals wollen so bedienen lassen, wie alle andre Göttinnen offenbar bedient worden sind, aus Furcht, um ihre gute Taille zu kommen.

169. Ein Freund von mir hatte einmal besondre Abneigung vor Leuten gefaßt, die mit rothem Haare geboren waren. Er trieb sein seltsames Vorurtheil bis zur Ausschweifung — Er pflegte zu sagen, er könnte sich niemals auf einen Freund oder eine Liebste von dieser Farbe verlassen — denn die Mannsleute wären falsch, und die Frauenspersonen muthwillig.

Ein oder etliche Beyspiele dieser Art

hatten seine Philosophie mit gleich gutem Grunde bestimmt, als der Roßtäuscher, in einer alten Geschichte, zum Gegentheile hatte — der, als er einmal ein gutes Pferd mit verschnittnen Ohren fand, den Ausspruch that, alle Pferde mit verschnittnen Ohren wären natürlicher weise gut — Vermöge der nämlichen Erfahrung, pflegte ein Barbier Scheermesser mit weißen Häften zu loben.

Rothes Haar ist blos ein Zeichen — wenn es anders überhaupt ein Zeichen ist — von warmen und lebhaften Neigungen, und thut seine Wirkung nach Maaßgabe der herrschenden Leidenschaft, Liebe, Religion, Ehrgeiz, Spiel, Rachgier, u. s. w. welche bey Mannspersonen und Frauensleuten von allen Temperamenten gleich stark verschieden sind — Ich habe aber allezeit mehr Tugend bey warmen Neigungen gefunden, als bey lauen — Warme Leidenschaften können gemischt, kalte aber niemals zum Sieden gebracht werden.

170. In dem von Michael Angelo gemalten Leiden Christi wird des Heilands Mutter nach ihren besondern Umständen

sehr fein beschrieben — wiewohl gewiß sehr abgeschmackt nach der allgemeinen Vorstellung eines solchen Zustands.

Sie steht unbeweglich, und sieht den Leiden ihres Sohns ohne Kummer, Mitleiden und Thränen zu — weil man voraussetzt, sie habe gewußt, daß das Ende zuletzt glücklich ausschlagen würde.

Welche verschiedne Meynungen müssen ein Christ und ein Musulmann von diesem Gemälde fassen!

171. Nunc itaque et versus et caetera
ludicra pono:
Quod verum atque decens curo, et rogo,
et omnis in hoc sum.

Hor. Epist.

Ich fand neulich folgende Zeilen, die dem Verstande und beynah auch den Worten nach mit den vorigen gleichlautend sind.

Hic igitur versus et caetera ludicra
pono,
Quod verum atque bonum est inquiro,
et totus in hoc sum.

Der Verfasser dieser letzten Zeilen war in der Stelle, woher ich sie nahm, nicht angeführt. Es war das Lemma zu den

Idyllen Theokrits, aus dem Griechischen übersetzt. Ich kann also nicht durch Vergleichung der verschiednen Zeitpuncte urtheilen, welcher von beyden den andern ausgeschrieben hat.

Ist nicht das ein schätzbarer Bissen für die Kunstrichter? Ich muß doch eine Muthmaßung anstellen. Meine Meynung ist, daß Creech den Horaz anziehen wollte, und, da ihm sein Gedächtniß versagte, den Vers aus dem Kopfe voll machte — wie es denn oft zu gehen pflegt, wenn man ohne Buch wiederholt.

Mein Grund ist dieser — Creech übersetzte den Horaz, wiewohl schlecht; muß sich aber gewiß der obigen Stelle aus ihm erinnert haben — und ich kann nicht vermuthen, daß er schlechtere Zeilen gleiches Innhalts von einem andern Schriftsteller angenommen haben würde.

Nun ist aber das verum atque bonum in den letzten Versen nach philosophischer Genauigkeit ein und dasselbe Ding — Aber zwischen dem verum atque decens in den ersten giebt es einen schönen Unterschied. Horaz verbindet das Bezeigen mit den Sitten, und setze Wohlstand zu Tugend.

Vielleicht können die Zeilen des Ungenannten im Lucrez stehen — ich habe wenig von ihm gelesen — von dem Horaz nicht nur seine Grundsätze der epicurischen Philosophie entlehnt, sondern auch verschiedne Stellen aus seinen Schriften genommen haben soll — Diese könnte eine darunter seyn, die von ihm verbässert worden wäre.

Nun hat Creech beyde Schriftsteller übersetzt, und natürlicher weise könnte man vermuthen, er wäre gegen denjenigen partheyisch gewesen, mit dem es ihm am bäßten geglückt hatte.

172. So hartnäckig, als ein Spanferkel in einem Hofe. Das würde ein schicklichers Gleichniß für den Homer gewesen seyn, um es auf den Ajax oder Diomed zu ziehen — Welches ist es? Denn ich will mir nicht die Mühe nehmen, nachzusehen, wiewohl die Iliade itzt bey mir auf dem Tische liegt.

Frau Dacier vertheidigt die Anspielung auf den Esel auf eine Art, die keine ernsthafte Antwort verdient — Bässer hätte sie gethan, wenn sie wie Horaz gedacht, und dieses Gleichniß unter folgenden Titel gebracht hätte.

Aliquando bonus dormitat Homerus.

173. Das Aristoteles Dichtkunst ist die am meisten geschätzte Arbeit in der Kritik unter den Alten. Wie kam es doch, daß er es beydes dem Horaz und Vida zuvorthat, die doch beyde bäßre Poeten waren, und den Vortheil hatten, ihn noch vorher zu studieren, ehe sie schrieben? Das machte, weil sie blos ihn copierten — Er aber hatte die Natur copiert — Alle seine Regeln sind blos, wie Rapin sagt, die in Methode gebrachte Natur.

174. Einige der Höhen oder Tiefen der Philosophie sind, an dem Zeugnisse unsrer Sinne zweifeln, unser eignes Daseyn nicht glauben, und unmögliche Demonstrationen an sich offenbarer Sätze fordern.

175. Derjenige Philosoph — mich deucht, es war Descartes — der nach einer gewaltigen Menge tiefer Betrachtungen sagte: cogito, ergo sum, könnte zuerst eben so gut dubito gesagt, und sein ergo daraus geschlossen haben —

Denn in diesem Falle ist zweifeln gewiß seyn.

176. Eine Nachricht von den Possen, welche Geheimnisse genannt werden, kann man in der Vorrede zum Don Qvixotte beschrieben finden.

Cervantes macht überall die Büßungen und den Betrug der Priester lächerlich, weis aber nicht, wo er inne halten soll — daß Sancho wegen der Entzauberung Dulcineens gegeißelt, und wegen der Auferstehung Altisidorens gezerrt und geknippen wird, sind freygeisterische Anspielungen.

Als ihn bey dem letztern Possenspiele einer von den Kerlen in das Gesicht kneipt, ruft er aus; deine Finger riechen nach Weinessig — „Und sie gaben ihm einen Schwamm, in Weinessig getaucht, „um zu trinken."

Im siebzehnten und neunzehnten Kapitel seines letzten Bandes hat er der Kirche einen Streich versetzt, welche nichts vergeben oder umsonst lossprechen wird, wie ihr Herr gethan hat. Warum schlief doch die heilige Inqvisition diese ganze Zeit über?

177. Ich habe ganze Bände wider die wirkliche Gegenwart im Abendmahle geschrieben gesehen, um zu beweisen, daß die Materie keines Irgendwo fähig wäre — und eben so viele, um nicht zu beweisen, daß das wäre.

Das ist das Mittel, Bibliotheken anzufüllen, oder vielmehr auszustopfen.

178. Wenn nach dem kanonischen Rechte ein Cardinal der Hurerey wegen belangt werden soll, so müssen zu deren Erhärtung siebzig Zeugen aufgestellt werden — So daß er wenigstens, um überwiesen zu werden, ein Mädchen mitten auf dem Markte küssen muß — Wie viel Leute würden nun nicht erfordert werden, einen Pabst zu überführen?

179. Socrates hat eine Allegorie ersonnen, wie Vergnügen mit Schmerze vereinigt ist, welche der Beschreibung ähnlich kömmt, die Scriblerus von der Lindamira = Indamora gegeben hat — Denn obgleich die Gesichter nach verschiednen Gegenden zu gerichtet sind, kann man doch das eine nicht geniessen, ohne mit dem andern Gemeinschaft zu haben.

180. Franz Baco — Es ist genug, nur eben seinen Namen zu erwähnen, um zu zeigen, wie sehr er darauf berechtigt ist, daß man sich hier seiner erinnere — sowohl seiner Größe als Kleinheit wegen,

„der weiseste, schimmerndste, nieder„trächtigste unter den Menschen.“

181. Die alte Philosophie machte den Geist zu Materie; und die neue, um ihr in nichts nachzustehen, hat die Materie zu Geiste gemacht — Auf welche Abwege sind die Menschen zu verfallen geneigt, wenn sie nur um eine Linie von dem gesunden Verstande abweichen!

182. Tam deest auaro quod habet, quam quod non habet.

183. Quanta laboras in *Charybdi!*

Digne puer meliore *flamma!*

Hor. L. I. Od. 27.

Wie war es dem Horaz möglich, oder auch einem, der nicht Horaz wäre, sich einer solchen Vermengung der Figuren schuldig zu machen, daß er von einem Menschen in der einen Zeile sagt, er wolle ertrinken, und in der andern, er verdiente eine bäßre Flamme?

Das hieß ja wohl, durch Feuer und Wasser gehen, um eine Metapher zu holen.

184. Unter den seltsamen Arten von Wahnsinne in der menschlichen Natur gedenkt die alte Geschichte eines Mannes, der sich einbildete, es wären einige von des Aristophanes Fröschen in seinen Bauch gekommen, und schrie: Brecekekex, coax, coax, cox, cox.

185. D. Russel sagt, eine Frau könne Milch haben, ohne schwanger zu seyn, oder ein Kind gehabt zu haben.

186. Ich besitze ein Vermögen, mir zu welcher Zeit ich will ein empfindliches Vergnügen zu verschaffen, ohne Handlung, Begriff oder Ueberlegung, blos durch mein Wollen — Das Vergnügen ist in einem mittlern Grade zwischen Fühlen und Kitzeln, und gleicht der Erschütterung, welche durch die Gelenke des Leibes dringt, wenn man sich ausstreckt und gähnt.

187. Krebse, Laubfrösche, Kröten, Schlangen und andre Thiere sind leben-

dig und bey völligen Kräften in dichten Eichen und festem Steine eingeschlossen gefunden worden.

Es scheint also, daß es Geschöpfe giebt, welche die Natur zum Odemholen gebildet hatte, die gleichwohl ohne Luft in einem übernatürlichen Zustande bestehen können.

Wollte ich mich blos auf solche außerordentliche Geheimnisse in der natürlichen Philosophie eingeschränkt haben, als diese, so hätte ich diesen Theil meines Werks ganz damit anfüllen können, ohne mich zu einer andern Materie zu wenden. Ich glaubte aber, eine größre Mannichfaltigkeit könnte unter dem allgemeinen Titel Merkwürdigkeiten für meine Leser unterhaltender seyn.

Indessen glaube ich, dem Nachsinnen der Neugierigen hinlängliche Beyspiele von dieser letztern Art verschafft zu haben, um den Ungläubigen zu verstehen zu geben, daß der gemeine und gewöhnliche Lauf der Natur nicht die ganze Macht der Fürsehung unter sich begreift.

Qui studet, orat.

Das habe ich zwar schon anderswo einmal gesagt — es kann aber niemals zu oft wiederholt werden von

des Lesers

ergebnem und gehorsamen
Diener.

Tria Juncta In Uno.

FINIS

MEMORABILIUM.

Nachstehende neue Bücher sind bey mir zu haben:

Fayel, ein Trauerspiel in fünf Aufzügen aus dem Französischen des Hrn. d'Arnaud 8.

Descamps, Reise durch Flandern und Brabant, nebst Beschreibung der vorzüglichsten in diesen Ländern befindlichen Kunstwerke, gr. 8.

Geschichte des osmanischen Reichs von seiner Stiftung an bis auf gegenwärtige Zeiten. Nach dem Französischen des Hrn. de la Croix mit Verbesserung von J. C. F. Schulz, 2 Bände nebst einer neuen illum. Charte von dem türkischen Reiche, gr. 8.

Schröckh, J. M. christliche Kirchengeschichte, 2 Theile, gr. 8.

Bancroft, Naturgeschichte von Guiana, in Süd-America, gr. 8.

Die Handlung von Holland, oder Abriß von der holländischen Handlung in den vier Theilen der Welt, gr. 8.

Klotzii, Chr. Ad. Lectiones Venusinae, 8.

Law's, Edmund Betrachtungen über die Geschichte der Religion. Aus dem Englischen, gr. 8.

Schmid, Chr. Heinr. Anthologie der Deutschen, 2 Theile, 8.

Abhandlung von Kupferstichen und Regeln solche zu sammlen, 8.

Der Hypochondrist, zweyte verbesserte Auflage, gr. 8.

Englisches Theater, 4 Theile, 8.

Italiänische Biographie, oder Lebensbeschreibung der berühmtesten Italiäner und Italiänerinnen, in zwey Theilen, 8.

Langhorns Briefe über die Kanzelberedsamkeit. Aus dem Englischen, 8.

Brittisches Museum, oder Beyträge zur angenehmen Lectur, 8.

Schulz, Proben morgenländischer Poesie, 8.

Froriep, arabische Bibliothek, 8.

Du Fresnoy et Marsy de Pictura Carmina elegantissima: iterum edidit Ch. Ad. Klotzius, 8.

Lettres de I. Rousseau à Mr. de Graffenried, 8.

Die Parodie, ein Lustspiel in einem Aufzuge, 8.

Thomson, James, The Seasons, 8.

Tissot, Sermo inauguralis de Valetudine Litteratorum, gr. 8.

Traité de la defense des Places par les contremines, avec des reflexions sur les principes de l'Artillerie, avec fig. gr. 8.

Vergleichung des Zustandes und der Kräfte des Menschen, mit dem Zustande und den Kräften der Thiere. In auserlesenen Anmerkungen über die Erziehung, die Naturgaben, die Künste und Wissenschaften, und die Religion. Aus dem Englischen nach der vierten Ausgabe übersetzt 8.